고치시고,
치유하시는
하나님

| 황윤정 지음 |

쿰란출판사

"내가 그리스도와 함께

십자가에 못 박혔나니

그런즉 이제는 내가 사는 것이 아니요

오직

내 안에

그리스도께서 사시는 것이라

이제 내가 육체 가운데 사는 것은

나를 사랑하사 나를 위하여

자기 자신을 버리신

하나님의 아들을 믿는

믿음 안에서 사는 것이라"

(갈 2:20)

글을 시작하며

우리가 신앙생활을 하다 보면 영적 침체에 빠질 때가 더러 있습니다. 그런데 그런 영적 침체의 원인을 파고들어 가보면 그렇게 큰 문제가 아니라 대개는 우리의 감정과 연관되어 있을 때가 더 많다는 것을 발견하게 됩니다. 가장 심각한 것 가운데 하나가 바로 죄책감인데, 죄책감의 포로가 되면 낙심과 좌절이 찾아오고 기도할 힘마저 잃어버리게 되면서 신앙도, 삶도 포기하고 싶은 심정이 되기도 합니다.

이 책을 쓸 때 애초에 죄책감만 집중적으로 다루려고 했으나 이와 관련된 다른 주제들도 함께 다루는 것이 좋을 듯하여 '일곱 가지 죽음에 이르는 죄' 중에서 교만, 시기, 분노, 탐욕 등을 먼저 다루었고, 이어서 수치심과 죄책감, 우울증, 극단적인 선택 등에 대해 언급하면서 이 모든 것을 영성적인 측면에서 살펴보게 되었습니다.

'일곱 가지 죽음에 이르는 죄'에 대해 더 알고자 하시는 분들은 시중에 책으로 출판된 것이 있으니 참고하시기 바랍니다.

지금도 교만과 죄책감 등 기타의 상한 감정으로 인하여 고통을 겪고 있는 성도들이 이 책을 통해 조금이나마 해결의 실마리를 찾을 수 있다면 더는 바랄 것이 없을 듯합니다.

하나님이 찾으시는 한 사람에게 이 책이 닿아 회복되는 역사가 일어나기를 진심으로 기도합니다.

카톡을 통해 매일 말씀을 함께 나누는 성도들에게 감사의 마음을 전하며, 이 모든 것은 오직 하나님의 은혜임을 고백합니다.

황윤정 목사

목차

글을 시작하며_ 4

1. 교만을 깨트려야 영이 산다

교만이란 무엇인가 · 12
교만, 모든 죄악의 근본 · 13
타락한 아담과 하와 · 15
다윗과 바벨론 제국의 마지막 왕 벨사살 · 17
성품 속에 숨어 있는 교만 · 21
교만을 깨트려야 영이 산다 · 24
하나님의 은혜 안에 머물게 하는 가시 · 27
교만을 깨트리시는 하나님의 손길 · 29

2. 나도 죽이고 남도 죽이는 시기심

시기심이란 무엇인가 · 35
당을 지어 반기를 들었던 고라와 그 추종자들 · 36
옆 교회 설교 잘하는 목사 · 38
예수님을 십자가 죽음으로 내몬 시기심 · 40
시기심의 배후 조종자, 사탄 · 42
내 성품 속에 숨어 있는 시기심 · 44
고난, 시기심을 빼내는 훈련도구 · 47
시기심에서 벗어나기 · 50

3. 탐욕으로부터의 자유

얼마를 더 가져야 만족할 수 있을까 · **54**
탐욕이란 무엇인가 · **57**
탐욕을 품었던 이스라엘 백성들 · **58**
탐욕, 이기심을 살찌우는 죄 · **61**
탐욕의 결과 · **63**
너희에게 있어야 할 줄을 아시느니라 · **66**
참된 영성은 거친 광야에서 나온다 · **69**
탐욕으로부터의 자유 · **71**

4. 분노, 영적 성숙의 적

예배를 드리는 것보다 더 중요한 것 · **74**
가나안에 들어가지 못한 모세 · **76**
다스리지 못한 분노 · **80**
분노에서 벗어나기 · **85**

5. 약점 때문에 괴로워하지 말라

하나님의 시선으로 나를 바라보라 · **90**
나라를 구한 왼손잡이 사사 에훗 · **92**
보배를 담은 질그릇 · **95**
너를 쓰고 싶다 · **103**

6. 수치심과 죄책감으로부터의 자유

불청객인 수치심 · **108**
수치심을 느끼는 이유 · **109**
수치심과 죄책감 · **110**
그 어떤 죄도 깨끗게 하시는 예수님의 보혈 · **113**
결코 정죄함이 없나니 · **116**

7. 우울증, 얼마든지 벗어날 수 있다

우울증이란 무엇인가 · **121**
우울증에 빠지는 이유 · **123**
우울증에 빠졌던 모세와 욥 · **128**
우울증을 위장하는 그리스도인 · **130**
우울증에서 벗어나기 · **132**

8. 자살 충동으로부터의 자유

생명의 주관자는 하나님 · **139**
극단적인 선택을 한 사람의 장례 · **142**
삶은 힘들 때가 많다 · **144**
의욕을 잃어버린 엘리야 · **146**
인생을 역전시켜 주시는 하나님 · **148**

9. 상한 마음을 치유하시는 하나님

성품 속에 뿌리박혀 있는 쓴 뿌리 · **154**
억압된 내면의 분노 · **156**
쏟아낼 때 치유가 시작된다 · **160**
용서, 상한 마음을 치유하는 백신 · **163**

1.

교만을 깨트려야
영이 산다

교만이란 무엇인가

《표준국어대사전》을 보면 교만이란 "잘난 체하며 뽐내고 건방짐"이라고 나옵니다. 그리고 《성경 관용어 사전》(생명의말씀사)에서는 "자기 스스로가 잘난 체하며 겸손하지 않고 뽐내며 방자히 행함. 자기 능력을 과시하며 자기를 최고로 자랑하는 행위. 성경에서 교만은 하나님의 은혜와 도움을 부인하는 최고의 범죄 행위로 간주하고 있다"라고 되어 있습니다. 하나님의 도움과 은혜를 잊어버리고 자신의 지혜와 노력으로 된 것인 양 자기를 내세우는 감정과 행동을 교만이라고 할 수 있습니다.

교만, 모든 죄악의 근본

초대교회 이후 성령님의 역사로 교회는 급속도로 성장했습니다. 그러다가 중세시대에 들어서면서 성도들의 기증이 이어졌고, 교회 안에 점차적으로 많은 토지와 재산이 쌓이기 시작했습니다. 고인 물은 썩기 마련이듯이 일부 교회와 성직자들은 늘어나는 재산에 도취되어 세속에 물들기 시작했고 서서히 타락의 길을 걷게 되었습니다. 그런 교회의 타락과 부패를 개혁하기 위해 일어난 운동 가운데 하나가 수도원 운동이었습니다. 수도원이 영적 수원지가 되어 영성이 교회로 흘러들어 가게 되자 많은 사람들이 세상의 것을 버리고 오직 예수 그리스도만 따르는 제자가 되기 위해 수도원으로 몰려들었습니다.

그들은 수도원으로부터 간단한 침식을 제공받으면서 단순한

공동체생활을 했습니다. 묵상과 말씀 읽기, 기도와 예배 등으로 하루를 보냈고, 수도원 소유의 밭에서 농사일을 하며 영성생활에 전념했습니다. 그러나 그런 환경 속에서 살았음에도 수도사들은 그 마음에 자신들을 괴롭히는 것이 뿌리박고 있음을 알게 되었는데, 그것은 바로 교만, 시기, 분노, 게으름, 탐욕, 절제하지 못함, 정욕 같은 것들이었습니다. 수도사들은 이것들을 '일곱 가지 죽음에 이르는 죄'라고 부르면서 이것들에서 벗어나기 위해 자신을 단련해 나갔습니다.

그렇게 영성생활에 전념한 수도사들도 자신들의 성품 속에 해결되지 못한 이런 교만이 꿈틀거리고 있다는 것을 깨닫게 되었다면 오늘날 우리는 어떨까요? 내면세계를 성찰하는 데 익숙하지 못한 현대 그리스도인들은 자신의 성품에 교만이 깊이 박혀 있다는 것을 모를 때가 더 많지 않을까요? 이것이 큰 문제요, 심각한 위기라 할 수 있습니다.

타락한 아담과 하와

성경에서 천사의 타락에 관해 정확하게 말씀하는 곳을 찾기는 어렵지만, 그럼에도 한 곳을 굳이 고르라고 한다면 유다서 1장 6절을 들 수 있습니다.

"또 자기 지위를 지키지 아니하고 자기 처소를 떠난 천사들을 큰 날의 심판까지 영원한 결박으로 흑암에 가두셨으며."

이 말씀에서 보듯이 하나님께 지음 받은 천사가 하나님을 섬기던 자신들의 위치에서 벗어나 하나님의 자리에까지 오르려고 했고, 그 결과 하나님의 벌을 받아 사탄이 되었습니다. 천사가 타락한 이유는 바로 교만 때문이었습니다. 따라서 교만은 모든 죄악의 근본이 되기 때문에 너무나 무섭습니다. 최초의 사람인 아담과 하와도 교만으로 타락하고 말았습니다.

　하나님은 인류의 조상인 아담과 하와에게 지혜와 능력을 주셨습니다. 그들은 하나님이 창조하신 동물들의 이름을 지어주었고, 하나님은 그것들을 다스리고 관리할 수 있는 권한까지 그들에게 주셨습니다. 그러나 사탄은 자신이 그러했던 것처럼 하나님의 형상대로 지음 받은 사람이 하나님의 마음을 아프게 하고 대항하도록 하기 위해 하와에게 접근했습니다. 그리고 이런 말로 유혹했습니다.

　　"너희가 결코 죽지 아니하리라 너희가 그것을 먹는 날에는 너희 눈이 밝아져 하나님과 같이 되어 선악을 알 줄 하나님이 아심이니라"(창 3:4-5).

　하나님과 같이 된다는 그 말에 귀가 솔깃해진 하와는 하나님이 먹지 말라고 한 과실을 보자 마음이 달라졌고, 결국 따 먹고야 맙니다. 그랬더니 하나님과 같이 된 것이 아니라 도리어 하나님의 진노를 받아 타락한 죄인이 되고 말았습니다.

　　"그러므로 한 사람으로 말미암아 죄가 세상에 들어오고 죄로 말미암아 사망이 들어왔나니 이와 같이 모든 사람이 죄를 지었으므로 사망이 모든 사람에게 이르렀느니라"(롬 5:12).

다윗과 바벨론 제국의 마지막 왕 벨사살

성경에서 교만으로 인해 넘어진 많은 사례가 나오지만 대표적인 두 가지 경우를 찾는다면 다윗과 벨사살 왕을 들 수 있습니다. 하나님이 들판에서 양을 치는 목동이었던 자신을 신정국가 이스라엘의 왕으로 높여주셨기에 다윗은 언제나 하나님만을 의지하며 살려고 노력했습니다. 그래서 다윗은 늘 이렇게 고백하며 살았습니다.

"여호와는…나의 구원의 뿔이시요 나의 산성이시로다…내가 주를 의뢰하고 적군을 향해 달리며 내 하나님을 의지하고 담을 뛰어넘나이다"(시 18:2, 29).

그러자 하나님은 다윗에게 은혜를 베푸셔서 전쟁에서 연전연

승하게 해주셨고, 태평성대가 이루어졌습니다.

"다윗의 명성이 온 세상에 퍼졌고 여호와께서 모든 이방 민족으로 그를 두려워하게 하셨더라"(대상 14:17).

그런데 사무엘하 24장을 보면 어느 날 다윗이 인구조사 명령을 내리게 됩니다. 그 이유는 첫째로 자신이 이 왕국을 이렇게 반석 위에 든든하게 세웠다는 것을 드러내고 싶었기 때문이고, 둘째로는 이런 군사력을 통해 자신의 힘을 과시하고 싶었기 때문입니다. 하지만 그 배후에 사탄이 역사하고 있음을 알지 못했습니다.

"사탄이 일어나 이스라엘을 대적하고 다윗을 충동하여 이스라엘을 계수하게 하니라"(대상 21:1).

그래서 요압 장군이 다윗 왕에게 이런 주청을 드렸습니다.

"여호와께서 그 백성을 지금보다 백 배나 더하시기를 원하나이다 내 주 왕이여 이 백성이 다 내 주의 종이 아니니이까 내 주께서 어찌하여 이 일을 명령하시나이까 어찌하여 이스라엘이 범죄하게 하시나이까"(대상 21:3).

인구조사 결과 막강한 군사력을 가진 것으로 나타났습니다.

"이스라엘 중에 칼을 뺄 만한 자가 백십만 명이요 유다 중에 칼을 뺄 만한 자가 사십칠만 명이라"(대상 21:5).

다윗은 지금까지 '하나님만이 나의 힘이요 도움입니다'라고 고백하며 살아왔는데 이제 이런 외적인 성장과 힘을 과시하고 의지하려는 교만의 덫에 걸려 넘어진 것입니다. 그는 이로 말미암아 하나님의 징벌을 받았고, 전염병이 3일간 온 나라에 퍼져 7만 명이나 되는 무고한 백성들이 죽었습니다.

다니엘서 5장에 나오는 바벨론의 마지막 왕인 벨사살도 마찬가지로 교만의 덫에 걸려 무너진 사람입니다. 그는 제국을 다스리는 통치자로서 어느 날 연회를 베풀고 성전의 기명들을 술잔 삼아 술을 마셨습니다. 한창 연회가 무르익고 있었을 때, 벽에 난생 처음 보는 글자들이 새겨졌습니다. 그 글자는 "메네 메네 데겔 우바르신"이었습니다.

그 글자의 뜻을 알게 된 다니엘은 해석을 하기 전에 벨사살 왕을 책망하기 시작했습니다. 부왕이었던 느부갓네살 왕이 교만하여 하나님을 경멸하므로 천벌을 받아 미치광이가 된 사실을 알고 있었음에도 하나님을 두려워하지 않았고, 도리어 부왕의 전철을 밟았다고 했습니다. 이어서 그가 나라의 왕권을 받은 것은 하나님의 은혜인데, 그 하나님의 은혜를 잊어버렸기에 하나님도 왕을 버렸다고 했습니다. 그런 다음 그 글을 해석했습니다.

"메네는 하나님이 이미 왕의 나라의 시대를 세어서 그것을 끝나게 하셨다 함이요 데겔은 왕을 저울에 달아 보니 부족함이 보였다 함이요 베레스는 왕의 나라가 나뉘어서 메대와 바사 사람에게 준 바 되었다 함이니이다"(단 5:26-28).

그날 밤 그렇게 강대했던 바벨론 제국은 교만으로 인해 메대와 바사에 의해 멸망 당했습니다. 사탄으로부터 시작된 교만은 패망의 선봉이요 넘어짐의 앞잡이입니다. 교만은 자기 극대화의 죄입니다. 또 자기 숭배의 죄입니다.

성품 속에 숨어 있는 교만

우리는 어쩌다 다른 사람이 나를 향해 "당신 교만해!"라고 말을 하면 기분이 언짢아지면서, "내가 왜 교만하냐?"라고 되받아치기도 하고, "무엇을 보고 내가 교만하다고 그러느냐?" 하며 되묻기도 합니다. 하지만 다른 사람 눈에는 잘 보이지만 내 눈에는 잘 안 보이고, 다른 사람 눈에는 잘 안 보이지만 나는 잘 알고 있는 것이 교만입니다.

그것은 하나님을 위한다는 명분 아래에 숨어 있습니다. 하나님을 잘 믿는다는 착각 속에 숨어 있습니다. 하나님을 위해 내가 이렇게 열심히 일하고 있고, 사역을 잘 하고 있다는 자기만족 속에 숨어 있습니다. 다른 사람을 정죄하고 판단하고 비판하면서 나 자신을 의로운 사람으로 드러내는 '자기 의' 속에 숨어 있습니다.

나는 성경을 이렇게 많이 읽었고, 이렇게 오랜 시간 동안 기도한다고 하면서 그렇지 못한 성도들을 한 수 아래로 보거나 멸시하는 우월감 속에 숨어 있습니다. 익은 벼일수록 고개를 숙이는 법인데 성경을 많이 읽을수록, 기도를 많이 할수록 고개를 숙일 줄 모르고 도리어 그것을 가지고 남을 판단하고 지적하는 그것이 바로 교만입니다.

'나는 남다른 은사를 받았다'고 하는 영적 우월감 속에 숨어 있습니다. "내가 이렇게 이 교회를 부흥시켰고, 이 교회 창립 멤버야!"라고 하면서 잘난 체하는 거기에 숨어 있습니다. 때로는 "내가 목사요", "내가 장로요", "내가 권사"라고 하면서 직분을 내세우고, 자기 영역에 대해 이래라저래라 하는 것을 아주 싫어하는 그 속에 숨어 있습니다. 사회적 신분과 지위를 하나님 앞에 내려놓지 못하고, 교회 안에서 은근히 '내가 이런 사람이야'라고 내세우는 거기에 숨어 있습니다.

돈이면 다 된다는 물질만능주의 속에 숨어 있습니다. 돈을 잘 벌고 재산이 많다고 우쭐대는 그 자랑 속에 숨어 있습니다. 내 능력이나 지위가 다른 사람보다 더 높거나 월등히 낫다는 자부심 속에 숨어 있습니다. 내가 다른 사람보다 인물이 더 좋다는 자아도취감 속에 숨어 있습니다. 알고 있는 지식과 지혜를 앞세우는 그 속에 숨어 있습니다. 다른 사람 앞에서 자랑을 늘어놓는 자기 드러냄 속에 숨어 있습니다. 때로는 "내가 이래 봬도 공부를 많이 한 사람이야"라며 자랑하는 학벌 속에 숨어 있습니다. "내가 남의 도움 없이 살아오면서 이런 성과를 이루었다"고 하는 성취감 속에 숨어 있습니다. 영적 기억상실증에 빠져 하나님이 주신 은혜를 잊어버리고 나를 내세우는 그 속에 숨어 있습니다.

잠깐 쉬며 묵상해 보기

나는 모든 것이 하나님의 은혜임을 고백하며 나를 낮추고 있습니까?
나의 사회적 지위나 배경, 재산 등으로 다른 사람들을 무시한 적은 없었나요?

교만을 깨트려야 영이 산다

나는 담임목회를 하는 동안 교회가 부흥이 되어도 그것 때문에 교만해지지 않기 위해 새벽에 일찍 교회에 나가 무릎을 꿇고 눈물로 기도하곤 했습니다. 성도들이 "설교에 많은 은혜를 받았습니다"라는 말을 하면 "하나님의 은혜가 아니면 나는 아무것도 할 수 없습니다"라고 고백하며 하나님 앞에 낮아지려고 애썼고, 하나님의 은혜를 간구했습니다. 그렇게 기도하다 보면 눈물이 마를 날이 없었습니다. 그랬기에 내 속에서는 교만이 다 사라진 줄 알았습니다. 겸손한 줄 알았습니다. 그러나 그게 아니었습니다. 그것은 착각이었습니다.

하나님이 나를 환난과 고통 속에 두셨을 때, 다른 사람 앞에서는 '하나님의 은혜'라고 했으면서도 정작 내 속에서는 "그래! 나야! 내가 했어! 내가 이 정도의 사람이야! 어디를 가든 나는 다 잘할 수 있어!"라고 외치는 교만이 숨어 있었다는 것이 보였습니다. 그것은 자기 만족감에 도취된 교만이었습니다.

무엇보다 하나님을 온전히 신뢰하지 못했던 것이 더 무서운 교만이었음도 알게 되었습니다.

어느 날 잠자리에 누워 '바다에 뜨는 별'이라는 찬양을 부르다가 눈물이 범벅이 되며 회개를 한 적이 있었습니다.

> 부서져야 하리 더 많이 부서져야 하리
> 이생의 욕심이 하얗게 부서져 소금이 될 때까지
> 무너져야 하리 더 많이 무너져야 하리
> 이기적 자아가 푸르런 상처로 질펀히 눕기까지
> 나는 바다 되어서 이 땅의 모든 것
> 미련 없이 다 버리고 하늘의 평화를 얻으리라
> 슬픔도 괴롬도 씻기고 부서져서
> 맑고 깊은 바다 되어서 모든 부패를 삭히어 주는
> 맑고 깊은 바다 되어서 그 영혼의 바다에
> 사랑의 별 하나 뜨게 하리

과연 나는 그동안 무엇을 붙잡고 살아왔는지 돌아보게 되었습니다. 예수님을 붙잡은 줄 알았는데 예수님을 붙잡은 것이 아니라 사역을 붙잡았고, 일 중독에 사로잡혀 있었습니다. 그런데도 하나님의 일인 줄 착각하며 살았습니다. 하나님은 일보다 하나님과의 깊은 교제를 원하셨는데도 말입니다. 과연 하나님의 일이란 무엇을 말하는 것일까요?

> "예수께서 대답하여 이르시되 하나님께서 보내신 이를 믿는 것이 하나님의 일이니라 하시니"(요 6:29).

예수님을 제대로 알고 믿는 것이 바로 사역이요 하나님의 일인데, 그것을 몰랐습니다. 그러면서 나도 모르게 어깨가 올라간 것을 알고 회개했습니다. 육이 죽어야 영이 삽니다.

하나님의 은혜 안에 머물게 하는 가시

바울은 육체에 있었던 질병 때문에 고통을 당했습니다. 이것이 늘 그를 괴롭혔습니다. 그런데 생각해 보면 바울은 전적으로 하나님께 자신을 드린 사람이었습니다. 이런 사람은 복을 받아도 넘치도록 받아야 할 것 같지 않습니까? 행복하고 단란한 가정은 없다 하더라도 명예는 주셔야 할 것 같은데 명예 하나 없었습니다. 부귀는 없다 하더라도 건강은 주셔야 할 것 같은데 건강 또한 좋지 못했습니다. 도리어 육체를 찌르는 가시 때문에 고통을 겪었습니다. 그것이 얼마나 고통스러웠으면 바울이 이런 말을 했겠습니까?

"내 육체에 가시 곧 사탄의 사자를 주셨으니"(고후 12:7),

바울이 앓았던 질병은 학자들마다 견해의 차이가 있지만 보편적으로는 안질 또는 간질로 보고 있습니다. 그것이 얼마나 고통스러웠으면 그 가시를 사탄의 사자라고 표현했을까요? 그 가시가 자신을 찌르고 있었습니다. 그 가시를 제거해 주시기를 위해 기도했더니, 어느 날 하나님께 이런 응답을 받았습니다.

"나에게 이르시기를 내 은혜가 네게 족하도다 이는 내 능력이 약한 데서 온전하여짐이라 하신지라 그러므로 도리어 크게 기뻐함으로 나의 여러 약한 것들에 대하여 자랑하리니 이는 그리스도의 능력이 내게 머물게 하려 함이라"(고후 12:9).

하나님이 보실 때 바울이 교만해질 위험을 사전에 막는 길은 육체에 가시를 주시는 것이었습니다. 그냥 두면 넘어지겠기에, 하나님의 은혜를 다 쏟아버리겠기에 가시의 울타리로 하나님의 은혜 속에 머물게 하셨던 것입니다.

교만을 깨트리시는 하나님의 손길

우리는 스스로 교만을 깨트릴 수 없습니다. 그것은 오랜 세월 동안 이미 우리의 분신이 되어 왔기에 떼어내기가 쉽지 않습니다. 예수님을 닮고 싶다고 해서 자연스럽게 닮아지지 않는 것과 같습니다. 하나님이 교정해 주시고 고쳐주셔야 하고, 우리는 그 손길을 받아들이며 순종해야 가능합니다.

토기장이의 손에 진흙이 있듯이 우리는 토기장이 되신 하나님의 손에 있는 진흙입니다. 하나님은 우리를 새롭게 빚기 위해 어떤 환경 속에 두시고, 어떤 사건 속에 두시고, 사람들과의 긴장과 갈등과 아픔 속에 두십니다. 거기서 우리를 깨트려 가십니다.

어쩌면 야곱처럼 20년의 훈련 과정이 찾아올지도 모릅니다. 다윗처럼 도망 다니는 세월이 찾아올지도 모릅니다. 모세처럼 잊혀진 존재가 되는 광야 40년 생활이 찾아올지도 모릅니다. 철저한 외로움 속에서 살아야 하고, 극심한 경제적인 고통을 겪으며 살아야 할지도 모릅니다.

'왜 이리도 나를 힘들게 하는 일이 많을까? 왜 이 사람을 내 곁에 두셨을까? 이럴 줄 알았다면 이 사람과 결혼하지 않았을 텐데. 이럴 줄 알았다면 이 직장에 오는 것이 아니었는데. 왜 하필이면 우리 집에 이런 일이, 왜 나에게 이런 일이 일어난 것일까? 왜 하필이면 내 자녀에게 이런 일이 일어나게 되었을까?' 하며 아무리 "왜?"라고 물어보아도 답은 없습니다. 이 고난의 의미를 아는 사람은 오직 하나님 한 분뿐이시기 때문입니다.

'이 일만 없다면 좋겠는데. 이것만 해결된다면 좋겠는데. 그렇게만 된다면 아무런 걱정 없이 신앙생활을 잘 할 수 있을 것 같은데' 하고 생각합니다. 하지만 현실은 사탄의 사자가 나를 괴롭히고 있습니다. 그 가시가 지금도 내 가슴을 칼로 도려내듯이 고통을 주며 여기저기서 나를 찌르고 있습니다. 그것 때문에 얼마나 눈물을 흘렸는지 모릅니다. 얼마나 아팠는지 모릅니다. 얼마나 울부짖었는지 모릅니다. 얼마나 잠 못 이루며 이리저리 뒤척였는지 모릅니다.

하지만 가시에 찔릴수록 깨닫게 되었고, 가시에 찔릴수록 아팠기에 "하나님!" 하고 부르짖으며 하나님께 더 가까이 나아가게 되었습니다. 가시에 찔려 아팠기에 나를 위해 가시 면류관을 쓰신 예수님을 바라보았고, 가시가 너무 괴로웠기에 하나님을 사모했습니다. 그런 사건과 환경이 아니었다면 우리가 과연 지금처럼 스스로를 낮출 수 있었을까요? 그런 환난과 핍박과 고통이 아니었다면 지금처럼 기도의 사람이 되었을까요?

그 과정을 지나는 동안에 쓰러지기도 하고, 넘어지기도 하고, 원망할 때도 있었습니다. 그러나 다시 일어나 쓰라린 가슴을 안고 아파하며 기도하는 동안에 어느덧 교만의 뿌리가 뽑혀져 나갔습니다. "오직 하나님의 은혜일 뿐입니다"라고 고백하며 하나님의 은혜 안에 머무는 자가 되었습니다. 자신을 낮추는 자가 되었습니다. 성도들을 섬길 줄 아는 자가 되었습니다.

이 과정을 겸손하게 받아들이고 거기에 자신을 놓아두시기 바랍니다. 외면하거나 부정하거나 거부하지 말고 인내하시기 바랍니다. 그러면 남을 판단하고 무시하고 비판을 일삼았던 교만, 우쭐대었던 마음, 자기 자랑, 나를 드러내기 좋아했던 것들이 민낯을 드러내면서 산산이 부서지는 순간이 찾아옵니다. 그럴 때 통곡하게 될 것이고, 겸손한 사람으로 변화되어 갈 것이라 믿습니다.

"그러나 내가 나 된 것은 하나님의 은혜로 된 것이니 내게 주신 그의 은혜가 헛되지 아니하여 내가 모든 사도보다 더 많이 수고 하였으나 내가 한 것이 아니요 오직 나와 함께하신 하나님의 은 혜로라"(고전 15:10).

2.

나도 죽이고 남도 죽이는 시기심

옛말에 "사촌이 땅을 사면 배가 아프다"고 했습니다. 이것을 요즘 말로 바꾸면 친척들이나 친구들이 "아파트 가격이 올랐다" "진급을 했다" "투자한 주식이 대박 났다" "자녀가 아주 좋은 회사에 취직했다" 등으로 자랑을 늘어놓으면 배가 아프다는 것과 같습니다.

시기심이란 무엇인가

시기심은 다른 사람의 재능이나 용모, 젊음, 재력 등을 부러워하면서 샘내고 미워하는 것을 말합니다. 내가 가진 장점과 은사를 잘 계발하면 되는데, '하나님이 나에게는 왜 안 주셨을까? 왜 저 사람에게만 주셨을까?' 하며 계속 남이 가진 것만 생각하면서 비교의식에 빠지면 비참해지고 영적 침체에 떨어지게 됩니다.

당을 지어 반기를 들었던
고라와 그 추종자들

민수기 16장을 보면 고라와 다단과 아비람과 온이 당을 지어 이름 있는 지휘관 이백오십 명과 함께 들고 일어나 모세에게 반기를 든 내용이 나옵니다.

> "너희가 분수에 지나도다 회중이 다 각각 거룩하고 여호와께서도 그들 중에 계시거늘 너희가 어찌하여 여호와의 총회 위에 스스로 높이느냐"(민 16:3).

이 반역을 주도한 사람들은 레위 지파 자손들인데 그중에 대표적인 역할을 했던 고핫 자손들은 모세와 아론의 사촌으로, 민수기 8장을 보면 성막 봉사와 백성의 종교 교육에 대해 막중한 책임을 맡은 사람들이었습니다. 누구보다도 모세를 도와야 할 사람들이었습니다. 그런데도 '맡겨만 주면 우리도 얼마든지 잘할 수 있다. 누구는 제사장이라고 폼 잡고, 누구는 성막에서 뒤치다꺼리나 맡고 있는데 이게 뭐란 말이냐?' 하는 마음을 갖게 되었습니다.

그리고 다단과 아비람은 르우벤 지파였는데, 르우벤은 야곱의 열두 아들 가운데 장자였습니다. 모세와 아론은 레위 지파, 그러니까 야곱의 셋째 아들에 속한 지파입니다. '이스라엘 백성들을 이끌고 나가려면 장자에 속한 그룹이 해야지 셋째 아들에 속한 그룹이 한다는 것이 말이 되는가?' 하고 생각했지만 그러나 그들의 나중이 어떻게 되었습니까?

> "땅이 그 입을 열어 그들과 그들의 집과 고라에게 속한 모든 사람과 그들의 재물을 삼키매 그들과 그의 모든 재물이 산 채로 스올에 빠지며 땅이 그 위에 덮이니 그들이 회중 가운데서 망하니라"
> (민 16:32-33).

지진이 나듯이 땅이 쫙 갈라지면서 갈라진 그 땅속으로 그들을 따랐던 사람과 가족들이 산 채로 매몰되는 벌을 받게 되었습니다. 시기심이 그들 자신뿐 아니라 주변 사람들까지도 죽게 만들었습니다.

옆 교회 설교 잘하는 목사

　목사님들에게는 이런 시기심이 없을까요? 새로 온 옆 교회 목사님이 설교를 잘한다는 소문이 나고, 성령님의 강한 역사로 교회가 부흥된다는 말을 들으면 그 교회 목사님과 교회를 은근히 시기하기 시작합니다. 왜 그런 부흥이 일어났는지 찾아가서 한 수 배우려고 하지 않습니다. 도리어 설교를 하면서 "성령님의 역사가 꼭 그렇게 나타나는 것만은 아니다. 제자훈련만 하면 도리어 머리만 큰 신자가 되기 쉽다. 성령 충만을 사모하면 잘못된 은사주의에 빠지기 쉽다. 양이 아니라 질이 중요하다"라며 은근히 비판합니다.

　성도들에게는 내려놓으라고 하고 다른 사람을 칭찬할 줄 알아야 한다고 하면서, 정작 자신은 그렇게 살지 못합니다. 그러니 목사님들의 설교가 성도들의 마음속으로 파고들지 못하는 것 아니겠습니까?

어느 목사님이 이런 이야기를 하는 것을 들었습니다. 하나님은 그분에게 책을 쓰라는 음성을 들려주셨습니다. 그래서 책을 쓰다 보니 한 권, 두 권 늘어나기 시작했고, 목사님은 책을 출판하고 난 다음에 자신의 호주머니를 털어서 선배 목사님들과 동기 목사님들 그리고 후배 목사님들에게 선물로 200군데 넘게 보냈습니다. 하지만 원로목사님 두 분과 선배 목사님 두 분 그리고 동기 목사님 세 분만이 "귀한 글을 쓰시느라 수고 많으셨다"고 격려를 해주더랍니다.

목사님은 동기 목사님들이 책 내용에 관해 전화를 해서 물어 올 줄 알았습니다. 그런데 "어! 이 목사님이 책을 썼네!" 하고는 그 책을 읽는 것이 아니라 바로 서재 책꽂이에 꽂아버린 것 같더랍니다. 그러면서 자신도 지난날 다른 목사님이 출판한 책을 자신에게 보내주었을 때 진심으로 감사하다는 말을 하지 못했던 것을 회개했다고 합니다. 그런 시기심이 자신 속에도 웅크리고 있었다는 것을 뒤늦게야 깨닫게 되었기 때문입니다.

예수님을 십자가 죽음으로 내몬 시기심

대제사장들과 서기관들은 백성들이 예수님을 따르자 그런 예수님을 눈엣가시처럼 여겼고, 백성들의 관심을 자신들에게 다시 돌려놓기 위해서는 예수님을 죽여야만 한다고 생각했습니다. 예수님이 체포되신 후 빌라도 법정 앞에 섰을 때 빌라도가 간파한 것이 무엇이었습니까?

"이는 그가 그들의 시기로 예수를 넘겨준 줄 앎이더라"(마 27:18).

빌라도가 예수님을 심문해 보니 종교지도자들의 고소에는 합당한 근거가 없었을 뿐 아니라, 심리를 한 결과 단순히 시기심 때문이라는 것을 알 수 있었던 것입니다. 그래서 "앎이더라"(For he knew, NIV)라고 했습니다. 예수님의 십자가 죽음은 그 배후에서 사탄이 사람들의 마음에 있는 시기심을 이용한 것임을 놓치면 안 됩니다.

시기심의 배후 조종자, 사탄

그냥 단순하게 '내 속에서 그런 마음이 일어나고, 그것이 내 성격인 것을 어떡해!'라고만 한다면 우리는 이 시기심에서 벗어나기가 어려워집니다. 시기심은 내 성품 속에서 자연스럽게 일어나는 감정이 아니라, 나를 통제해서 나를 망하도록 하는 사탄의 역사이기 때문입니다.

"그러나 너희 마음속에 독한 시기와 다툼이 있으면 자랑하지 말라 진리를 거슬러 거짓말하지 말라 이러한 지혜는 위로부터 내려온 것이 아니요 땅 위의 것이요 정욕의 것이요 귀신의 것이니 시기와 다툼이 있는 곳에는 혼란과 모든 악한 일이 있음이라"(약 3:14-16).

부목사님이나 여전도사님이 성도들의 사랑을 받으면 담임목사님은 괜히 견제구를 던집니다. 자신에게 향해야 할 관심을 부교역자들에게 빼앗긴다고 생각하기 때문입니다. 장로님들도 성도들이 다른 장로님을 칭찬하고 의지하면 그 장로님을 견제합니다. 큰 교회 담임목사 앞에서 개척교회 목사님은 말은 하지 않지만 시기심이 발동합니다.

성도들의 숫자가 적은 교회에 출석하는 성도들은 대형교회 성도들 앞에서 시기심이 일어나기도 합니다. 그것은 단순히 감정이나 성향 때문이 아닙니다. 사탄이 감정을 통해 흔들기 때문입니다.

내 성품 속에 숨어 있는 시기심

혹 경제적으로 윤택한 분을 볼 때 "하나님은 저분에게는 물질의 복을 주시면서 왜 나에게는 안 주시는 것일까?" 한다면, 그리고 그런 분과 식당에서 식사를 하거나 카페에서 커피를 마실 때 '돈이 많은 당신이 내는 것이 당연하다'고 하는 마음이 속에서부터 올라온다면 그것이 바로 시기심의 포로가 되었다는 증거가 아닐까요? 직장에서 나보다 업무처리를 잘하고 능력 있는 사람을 만났을 때 그 사람 앞에서 열등감을 느끼며 질투하고, 그 사람이 실수하는 것을 찾으려고 한다면 이 역시 마찬가지일 겁니다.

교회에서 나보다 늦게 등록한 분이 나보다 먼저 교회 직분자 투표에서 당선되어 권사님이 되고, 장로님이 되었다고 합시다. 그럴 때 진정으로 박수를 보내십니까, 아니면 입으로는 축하한다고 하면서도 속으로는 '내가 당신보다 못한 것이 뭔데? 당신이 나보다 이 교회 늦게 왔잖아!'라고 하십니까? 투표에서 떨어진 경우 "그동안 내가 최선을 다해 봉사했는데 어떻게 이럴 수가 있나!" 하며 다른 교회로 떠나거나, 다음 투표 때 수단과 방법을 가리지 않고 자신을 찍어 달라고 표를 구걸한다면 그것 역시 마찬가지일 겁니다. 성도의 자녀가 명문대학에 입학했을 때 진정으로 축하를 해주십니까?

내가 어떤 직업을 가졌건 그것은 천직입니다. 거리에서 청소를 하든, 말씀을 전하든, 시장에서 장사를 하든, 사무실에서 근무를 하든, 건설 현장에서 추위와 더위와 비바람을 견뎌내며 일을 하든, 화이트칼라이든 블루칼라이든, 사장이든, 종업원이든 모두 하나님이 나에게 주신 사명입니다. 하나님이 내게 주신 직업임에도 다른 직업을 가진 사람 앞에서 스스로를 초라하게 여기고, 그 사람 앞에서 작아지는 마음을 느낀다면 이 또한 시기심의 포로가 되어 있다는 증거가 아닐까요?

"나는 이런 허드렛일을 하는데 저 사람은 돈도 잘 버네!" 하면서 상사를 시기하고 옷깃에 구멍이라도 난 곳은 없는지 살피려고 한다면 하나님을 바르게 만난 자라 말할 수 없을 것입니다. 내가 몸담고 있는 그 직업을 통해 오늘을 감사하며 최선을 다해 살아가는 것이 자신을 산 제물로 드리는 예배요, 영성이요, 믿음이요, 하나님의 사랑을 실천하는 길입니다.

나는 어떤 경우에 시기심이 일어나나요?

그 시기심을 어떻게 하면 뛰어넘을 수 있을까요?

고난, 시기심을 빼내는 훈련도구

　제목은 생각나지 않지만 어떤 설교집에서 읽었던 내용입니다. 어느 교회 목사님의 설교가 깊이가 있다는 소문이 돌기 시작했습니다. 모두 어디서 그런 감동적인 메시지가 흘러나오는지 무척이나 궁금해했는데, 나중에 알고 보니 그 목사님의 삶에 고난의 비밀이 숨겨져 있었다고 합니다. 그 목사님에게는 스물두 살 된 딸이 있었는데 뇌병변장애를 앓고 있었습니다. 이 딸을 목사님 사택 골방에다 두었기 때문에 성도님들 중 몇 사람만 알고 있었고, 다른 성도들은 그 사실을 잘 모르고 있었습니다.

　그런데 어느 날 이 교회에 출석하던 한 총각 집사님이 전도사님에게 상담을 신청했습니다. "전도사님! 목사님에게 저 딸만 없다면 목회를 잘하실 텐데 저 딸 때문에 항상 그늘이 있으니, 제가 저 딸하고 결혼하면 목사님이 마음 놓고 목회하시지 않을까요?" 전도사님은 "집사님! 너무 좋은 생각입니다"라고 대답했습니다. 그 후 두 사람은 성도들의 축복 속에 결혼식을 올렸습니다.

그런데 시집을 가고 난 다음에 시어머니가 며느리를 구박하고, 장애를 가진 딸을 시집보낸 목사님과 사모님을 욕하기 시작했습니다. "그런 자식을 낳았으면 직접 데리고 살지, 왜 제구실도 못하는 딸을 시집보내 다른 사람까지 이렇게 고생을 시키는 거야?" 이런 이야기를 듣다 못 한 목사님이 결국 결혼한 지 얼마 되지 않은 딸을 데려오고 말았다고 합니다.

목사님의 메시지가 그토록 처절하고 절실할 수밖에 없었던 이유는 목사님의 삶에 있었던 아픔과 고통 때문이었습니다. 그 고통이 목사님으로 하여금 성도들의 영에 닿는 말씀을 전하게 했습니다. 그런 곳에 시기심이 자리 잡을 수 있을까요? 오직 예수님뿐인데 말입니다.

하나님은 우리 자아 속에 있는 시기심을 **빼내기** 위해 고난을 주십니다. 그래서 진짜 그리스도인은 고난 속에서 자랍니다. 그리스도인은 고난과 함께 살아가는 자입니다. 그런 고난을 통해 내 자아에 있는 불순물들이 **빠져나가고**, 오직 하나님만 사모하는 자가 되게 하십니다.

예수님에게서 고난을 빼보십시오. 우리와 별 차이가 없는 분이 되고 맙니다. 예수님에게서 구유의 사건과 갈릴리의 고난, 갈보리 십자가의 고난을 빼버리면 예수님은 일반 사람이 되고 맙니다.

인생에서 지금까지 흘렸던 눈물, 아팠던 순간, 괴로웠던 사건, 실패와 좌절의 고통을 빼보십시오. 아무것도 남는 것이 없을 겁니다. 사건보다 더 중요한 것은 그것에 대한 영적인 해석입니다. 어떻게 해석하느냐에 따라 고난의 무게는 달라집니다.

따라서 내가 만난 광야에 입을 맞추고 수용을 해야 합니다. 환난의 광야, 궁핍함의 광야들이 나에게 찾아와도 거부하지 마시기 바랍니다. 피하지 마시기 바랍니다. 다른 곳으로 옮기지 마시기 바랍니다. 그곳에서 버티고 견뎌내시기 바랍니다. 그러면 내 성품 속에 스며들어 있던 시기심이라는 불순물이 빠져나가면서 살아도 주를 위해, 죽어도 주를 위해, 사나 죽으나 예수님의 것이라는 고백을 하며 살아가는 자가 됩니다.

시기심에서 벗어나기

"그의 성령을 우리에게 주시므로 우리가 그 안에 거하고 그가 우리 안에 거하시는 줄을 아느니라"(요일 4:13).

우리 영의 주인은 성령님이십니다. 우리 자아의 주인은 내가 아니라 예수님임을 깨닫고 그분이 싫어하는 행동을 삼갈 때 우리는 시기심에서 벗어날 수 있게 됩니다.

나아가 축복하고 격려하기를 힘써야 합니다. 고린도전서 13장 4절 말씀입니다.

"사랑은…시기하지 아니하며."

사랑은 시기심을 버리는 것이라고 했습니다. 그렇다면 어떻게 해야 시기하는 마음을 버릴 수 있을까요? 그것은 너무나 간단합니다. 사람에 대해 시기심이 일어날 때 그분을 축복해 주시면 됩니다. 진정한 마음으로 잘한다고 칭찬을 해주면 됩니다.

직분자로 피택되었을 때 진정한 마음을 담아 축하해 주시면 됩니다. 좋은 배우자를 만나 결혼할 때 진심으로 축하해 주시면 됩니다. 잘할 때마다 격려해 주시고, 실수했을 때 눈감아 주시고 다시 해보라고 격려해 주시면 됩니다. 우리 영에 계신 우리 주인 되신 예수님이 말씀하시는 것처럼 그렇게 실천해 보시기 바랍니다. 그러면 나도 죽고 남도 죽이는 시기심이라는 올무에서 벗어나게 될 것이라 확신합니다.

3.

탐욕으로부터의 자유

얼마를 더 가져야 만족할 수 있을까

사람은 과연 얼마를 가져야 만족할 수 있을까요? 얼마를 가져야 행복하다 말할 수 있을까요? 성도들이 얼마나 모여야 목사님과 성도들이 만족할 수 있을까요? 아마 대부분 "지금보다 조금만 더"라고 말할 것입니다. 물론 그러면 며칠간은 감사가 나올 겁니다. 그러나 얼마 지나지 않아 또다시 조금만 더 가졌으면 좋겠다는 바람이 솟아나지 않겠습니까?

새 승용차를 샀다고 합시다. 차를 운전하면 감사가 저절로 나옵니다. "하나님! 새 차를 주셔서 감사합니다. 이런 은혜를 베풀어 주셔서 감사합니다." 그런데 며칠 또는 몇 달이 지나서 도로를 주행하는데 내 차 옆으로 아주 멋진 고급차가 미끄러지듯이 지나갑니다. 그것을 보는 순간, 그래도 여전히 감사가 나오던가요?

우리가 부흥을 갈망하지만 부흥을 갈망하는 이유가 과연 무엇 때문입니까? 한 영혼이 구원받았을 때 기뻐하시는 하나님의 마음을 알기 때문입니까, 아니면 교회 성장이라는 명분 아래 교세를 늘려서 나를 드러내고 싶은 마음 때문입니까? 하나님이 붙여주신 한 영혼을 귀한 분으로 알고 거기에 최선을 다하는 것이 목회요, 신앙이요, 영성이요, 부흥 아니겠습니까?

"두세 사람이 내 이름으로 모인 곳에는 나도 그들 중에 있느니라"
(마 18:20).

단 한 명을 앉혀놓고 설교하고, 두세 사람이 모여서 예배 드린다고 할지라도 그곳은 거룩한 교회입니다. 그러기에 그곳이 하나님의 임재가 충만한 곳임을 믿고 예배 드리고, 또 인도해야 하는 것 아니겠습니까? 성도들이 예수님으로 보여야 합니다.

잠언 30장 15절 말씀입니다.

"거머리에게는 두 딸이 있어 다오 다오 하느니라."

거머리는 양쪽에 있는 흡혈관을 통해 피를 빨아먹는데, 거머리가 피를 너무 빨아먹어서 "이제 더는 피를 안 빨아먹을 것이다" 하는 법이 없습니다. 배가 터지도록 피를 빨아 먹어도 만족할 줄 모르고 계속 달라붙어 있습니다.

　성 프란치스코가 밤새껏 부르짖으며 구했던 것은 단 하나 "오, 그리스도여, 나의 전부여!"였습니다. 우리 역시 "하나님! 사랑합니다. 그 무엇보다도 하나님을 사랑합니다. 하나님을 갈망합니다. 이 모든 것들보다 하나님을 사랑합니다" 하며 10분이든 30분이든 감격의 눈물을 흘리며 기도할 수 있다면 얼마나 좋을까요?

탐욕이란 무엇인가

만족을 모르는 마음, 더 가지려는 마음, 분수에 넘치는 것을 무리하게 얻고자 하는 마음이 탐욕입니다. 그래서 탐욕에는 끝이 없습니다. 탐욕을 품은 마음에 이기심이 에너지를 공급하게 되면 자기 중심에 갇혀 하나님도 이웃도 보지 못하게 됩니다. 그러다 결국은 하나님이 주신 축복도 잊어버리고 불만족에 갇혀 살다가 파멸을 맞이하게 되기 때문에 탐욕은 무서운 죄가 됩니다.

잠깐 쉬며 묵상해 보기

탐욕의 대상은 음식, 기호식품, 일 등 다양합니다. 나는 어떤 것에 과도한 욕심을 부리고 있습니까?

탐욕을 품었던 이스라엘 백성들

이스라엘 백성들이 출애굽 한 다음, 당장 먹는 문제에 부딪혔을 때 하나님은 그들에게 만나를 내려주셨습니다. 광야에 내린 만나! 그것도 그들이 농사해서 얻은 것이 아니라 아침에 일어나 나가서 거두기만 하면 되는 하나님의 특별한 복이었습니다. 그러기에 그들에게서 늘 감사가 나올 것 같았는데 도리어 불평, 불만이 터져 나왔습니다.

민수기 11장은 이스라엘 백성들이 애굽에서 나온 후 약 1년의 시간이 흐른 시점입니다. 그들은 1년 동안 만나를 계속 먹었습니다.

"맷돌에 갈기도 하며 절구에 찧기도 하고 가마에 삶기도 하여 과자를 만들었으니 그 맛이 기름 섞은 과자 맛 같았더라"(민 11:8).

하나님이 알아서 주셨으니 그것은 우리 몸에 필요한 모든 영양분이 풍족하게 들어있는 종합식품이었음에 틀림없습니다. 그런데도 물에 빠져 죽어가는 사람 살려놓았더니 잃어버린 보따리를 내어놓으라고 우기는 식으로 그들은 이렇게 외쳤습니다.

"누가 우리에게 고기를 주어 먹게 하랴"(민 11:4).

고기가 먹고 싶으니 고기를 내어놓으라고 아우성을 쳤습니다. 그러면서 5절을 보면 지난날을 회상합니다.

"애굽에 있을 때에는 값없이 생선과 오이와 참외와 부추와 파와 마늘들을 먹은 것이 생각나거늘."

그래서 6절에서 뭐라고 했습니까?

"우리의 기력이 다하여 이 만나 외에는 보이는 것이 아무것도 없도다."

하나님이 알아서 주셨는데도 고기가 먹고 싶네, 야채도 먹고 싶네, 애굽에 있었을 때가 좋았네 하면서 처리되지 못한 탐욕이 마음속에서부터 봇물 터지듯이 터져 나오기 시작했습니다. 그들은 만나만 먹었기에 기력이 떨어진 것이 아니라 하나님을 향한 마음과 신앙에서 멀어졌기에 기력이 떨어진 것임을 모르고 있었습니다. 그들의 마음을 잘 설명해 주는 것이 4절입니다.

"탐욕을 품으매."

고기가 먹고 싶다는 탐욕은 집단적인 반응과 군중심리를 일으켰고, 이에 호응을 얻어 상승작용을 하면서 이스라엘 백성들을 원망에 빠트리고야 말았습니다.

탐욕, 이기심을 살찌우는 죄

민수기 11장 4절부터 6절까지 계속적으로 반복해서 나오는 단어가 바로 '우리'입니다.

"누가 우리에게 고기를 주어 먹게 하랴"(4절).
"우리가 애굽에 있을 때에는"(5절).
"우리의 기력이 다하여"(6절).

이들이 계속해서 말하고 있는 것은 하나님이 아닙니다. '우리'입니다. 가나안 정복, 그것이 중요하지 않다는 것입니다. 하나님의 영광, 그것이 중요하지 않다는 것입니다. 신앙, 믿음, 영성, 그것이 중요하지 않다는 것입니다. 지금 당장 닥친 현실이 중요하고, 고기와 수박과 오이 등 내 육신을 만족시켜주는 것이 더 중요하다는 것입니다. 지난 1년 동안 광야에서 먹이시고 입히신 하나님, 그들이 입은 옷이 해어지지 않도록 간섭하신 하나님의 은혜를 다 잊어버렸습니다.

그래서 탐욕은 철저하게 하나님의 은혜를 잊어버리게 만들고, 자기 중심의 동굴에 갇히게 만듭니다. 영의 눈을 어둡게 해서 육에 속한 그리스도인으로 살아가게 합니다.

탐욕의 결과

하나님은 그들의 소원대로 메추라기를 주셨습니다. 그런데 그들이 메추라기를 잡아 요리를 한 다음 먹는 순간, 앞장서서 불평을 주도했던 자들을 하나님이 큰 재앙으로 치셨습니다. 하나님은 우리의 '필요'를 채워주시는 분이시지, '탐욕'을 채워주시는 분이 아니기 때문입니다. 탐욕은 사탄에 의해 내 자아에서 나온 것이기 때문에 하나님이 싫어하십니다.

"고기가 아직 이 사이에 있어 씹히기 전에 여호와께서 백성에게 대하여 진노하사 심히 큰 재앙으로 치셨으므로 그곳 이름을 기브롯 핫다아와라 불렀으니 욕심을 낸 백성을 거기 장사함이었더라"
(민 11:33-34).

우리가 이들을 나무랄 수 있을까요? 옷장을 한번 열어보시기 바랍니다. 여러 벌의 옷이 걸려 있는데도 입고 나갈 옷이 없다고 투덜거립니다. 물론 몸무게가 늘었거나 살이 빠져서 입을 수 없는 경우, 유행이 지났기 때문에 입지 못하는 경우도 있지만, 그럼에도 옷이 너무 많지 않습니까? 신발장은 또 어떻습니까? 구두며 운동화며 종류별로 너무 많습니다. 아마 1년 내내 한 번도 신어보지 못한 신발들도 있을 것입니다. 한두 개만 남겨두고 나머지 것들을 어려운 사람을 위해 내어놓을 수는 없는 것일까요?

그 비싼 명품 핸드백이나 가방 등은 1년에 몇 번이나 들고 다닙니까? 어쩌면 옷장 안에 고이 모셔져 있는 날들이 더 많을 겁니다. 그것은 탐욕스러웠던 지난날의 내 마음을 보여주는 결과물입니다. 명품이 내 인격을 명품으로 만드는 것이 아닙니다. 명품 신앙이 내 인격을 명품으로 만듭니다. 점점 나이가 들어가면서 외출할 때면 시장표 가방을 들고 다니는 것이 더 편하다는 느낌이 들 때가 많습니다.

냉장고 안에는 언제 샀는지도 모르는 것들이 꽁꽁 언 채로 몇 달, 몇 년 동안 그곳에 갇혀 있습니다. 냉장고를 한 번 뒤집어엎으면 유통기한 지난 것이 수도 없이 쏟아져 나올 겁니다. 화장실 수납장 안에는 각종 행사나 모임 때 받은 수건과 비누와 치약이 쌓여 있습니다.

그런 물질적인 풍요를 누리면서도 우리의 기도와 삶은 궁핍과 탐욕에 사로잡혀 "이것도 주시옵소서! 저것도 주시옵소서! 이것도 없습니다. 저것도 없습니다" 하며 하나님께 달라고만 합니다.

300명 이상 모이는 교회는 그동안 같이 섬겼던 부교역자와 성도들을 분리개척해서 살림을 떼어줄 수 없는 것일까요? 교회가 교회를 낳는 운동 말입니다. 그렇게 하지 못하고 계속해서 성장을 원하는 이유는 교회와 목회자의 탐욕 때문이 아니겠습니까?

"바치겠습니다. 드리겠습니다. 내어놓겠습니다. 후원하겠습니다. 하나님 한 분이면 충분합니다." 그런 기도를 하나님께서 얼마나 애타게 기다리시는지 모릅니다.

너희에게 있어야 할 줄을 아시느니라

예수님 당시 유대인들은 로마의 식민 통치하에 있었기에 무척 가난했습니다. 그들은 하루 한 끼 아니면 두 끼 정도로 연명했는데, 그렇다면 유대 백성들의 삶은 상상을 초월할 정도로 빈곤했을 겁니다. 그런 경제적인 빈곤에 시달리던 사람들에게 예수님은 이렇게 말씀하셨습니다.

"무엇을 먹을까 무엇을 마실까 무엇을 입을까 하지 말라 이는 다 이방인들이 구하는 것이라 너희 하늘 아버지께서 이 모든 것이 너희에게 있어야 할 줄을 아시느니라"(마 6:31-32).

먹을 것 때문에, 마실 것 때문에, 입을 것 때문에 걱정하지 말라고 하셨습니다. 우리에게 무엇이 필요한지 하나님은 다 아신다고 했습니다. 그렇다면 지금 내가 얼마나 고통스러운지 아시면서도 하나님은 왜 안 주시는 것일까요? 내게 필요한 것들이 많은데도 왜 이렇게 하나님의 응답은 더디게만 오는 것일까요? 정말 마태복음 6장의 그 말씀이 살아 있는 하나님의 약속의 말씀이 맞기는 한 것일까요? 네! 하나님의 약속의 말씀이 맞습니다. 빌립보서 4장 19절에서 뭐라고 말씀하셨습니까?

"나의 하나님이 그리스도 예수 안에서 영광 가운데 그 풍성한 대로 너희 모든 쓸 것을 채우시리라."

우리의 모든 필요한 부분을 채워주신다고 약속하시지 않았습니까? 나는 이 말씀을 액면 그대로 받아들이고 믿습니다. 하나님은 내게 필요한 것들을 얼마든지 공급해 주실 수 있으십니다.

어느 목사님이 매일 새벽 기도회 때마다 하나님께 감사헌금을 드렸답니다. 그러다 형편이 어려워 드릴 수 없게 된 날이 있었는데 그래도 어찌어찌해서 드렸습니다. 어느 날 목사님은 사모님이 사택에 있던 냉장고가 낡아서 더는 쓸 수 없게 되었다면서 하소연하는 소리를 들었습니다. 새벽에 기도를 하는데 사모님의 그 소리가 생각이 나서 잠깐 속으로 '냉장고가 필요한 모양이구나!' 하는 생각이 들었답니다. 그런데 며칠 뒤 어느 분이 냉장고 신제품을 사서 목사님 댁으로 배달시켰다고 합니다. 시집가서 잘 살고 있는 교회 어느 권사님의 딸이 어머니에게 냉장고를 사드리려고 주문을 했는데 이미 권사님은 며칠 전에 냉장고를 샀다는 것입니다. 똑같은 것 두 개를 집에 놓아둘 수는 없던 차에, 목사님 가정이 떠올라서 목사님에게 전화해서 물어보고는 사택으로 냉장고를 배달시켰다고 합니다.

내게 필요한 것이 아무것도 아닌 것이 되고, 아무것도 아닌 것처럼 보이던 하나님이 내게 모든 것이 될 때, 하나님은 실제로 나의 모든 것이 되어 주십니다. 하나님이 내 안에 있다는 것을 믿는 사람은 자기의 삶에 대해서, 자기가 만난 환경에 대해서 만족하며 살아갈 수 있기 때문입니다.

참된 영성은 거친 광야에서 나온다

하나님은 우리가 광야에서 만나를 먹으며 하나님만 의지하는 법을 배워가기를 원하십니다. 순종의 훈련, 하나님만 의지하는 훈련, 기도의 훈련, 내려놓음의 훈련, 나는 죽고 예수님으로 사는 훈련 말입니다. 참된 영성은 배부름 속에서 오는 것이 아니라, 거칠고 외로운 광야에서 꽃을 피웁니다. 영성은 십자가의 고통 속에서 자라납니다.

사막의 교부들이나 수도사들, 영성가들은 자신을 고통과 어려움 속에 놓아두기를 좋아했고, 사람들의 비난과 멸시를 더 좋아했습니다. 가난과 청빈, 순명(順命)을 친구로 삼으며 살았습니다. 거기에서부터 교회를 살리는 영성이 흘러나와 교회와 성도들을 적셨습니다.

아브라함은 조카 롯이 풍요로운 땅을 선택하여 떠나갔을 때 혼자 황량한 들판에 남았습니다. 목축을 하기에는 너무나 척박한 땅이었습니다. 그러나 그곳에 하나님이 찾아오셨습니다. 그리고는 보이는 땅을 그와 그의 후손에게 주겠다고 약속하셨습니다. 사람이 있는 곳, 물질이 넘쳐나는 곳, 소돔과 고모라로 간 롯에게는 들리지 않았던 하나님의 음성과 축복이 들판에 있던 아브라함에게는 들렸던 것입니다.

모세가 애굽의 왕궁에 있었을 때는 하나님의 음성이 들리지 않았습니다. 그러나 미디안 광야에 있을 때, 아무도 찾아오는 사람이 없을 때, 그는 하나님을 만났습니다. 떨기나무에 불이 붙었으나 타지 않는 가운데 거기서 나오는 불꽃을 보았습니다.

세례 요한은 광야에서 메뚜기와 석청을 먹으며 약대털옷을 입고 지냈습니다. 그곳에서 세례 요한의 영성이 피어나기 시작했습니다. 시대를 향해 외치는 메시지가 그곳에서 나왔습니다.

보통 소풍을 갈 때는 아주 간단하게 준비해서 갑니다. 우리 인생이 소풍과 같다면 돌아갈 본향을 바라보며 가볍게 살아야 하지 않겠습니까? 잠을 잘 때는 쓰고 다녔던 안경도 벗어놓듯이 말입니다. 은행에 아무리 많은 잔고가 쌓여 있다 하더라도 그것은 진짜 내 것이 아닙니다. 내가 직접 쓴 것 그리고 하나님과 어려운 사람을 위해 사용한 것만 내 것입니다.

탐욕으로부터의 자유

그렇다면 어떻게 해야 이 탐욕에서 벗어날 수 있을까요? 성경은 이스라엘 백성들이 탐욕을 품었다고 했습니다. 품었다는 것은 곧 탐욕이 자라도록 방치했다는 뜻과 같습니다. 탐욕은 놔두면 저절로 사라지는 것이 아니라 가지를 치면서 우리의 자아를 덮어 버리기 시작합니다.

우리가 품어야 할 것은 예수님입니다. 십자가에 죽으시기까지 낮아지신 예수님입니다. 부르다가 내가 죽을 이름, 예수 그리스도 그분이 내 영에 들어오셨습니다. 예수님이 내 영의 주인이십니다. 그분을 묵상하며 바라보시기 바랍니다.

그러므로 거친 광야에서 묵상을 배우고, 기도를 배우고, 사람이 떡으로만 사는 것이 아니요 하나님의 말씀으로 산다는 것을 체험하고, 말씀으로 충만하기를 배우시기 바랍니다. 그러면 '탐욕 극복'이라는 과목을 이수하게 되고, 내 안에 그리스도로 충만해지는 역사가 일어나게 됩니다. 그러면 내 자아가 죽고, 내 안의 그리스도가 나를 통하여 역사하기 시작하고, 사람들이 나를 통하여 그리스도를 느끼게 될 것이라 확신합니다.

"그러나 자족하는 마음이 있으면 경건은 큰 이익이 되느니라 우리가 세상에 아무것도 가지고 온 것이 없으매 또한 아무것도 가지고 가지 못하리니 우리가 먹을 것과 입을 것이 있은즉 족한 줄로 알 것이니라"(딤전 6:6-8).

4.

분노, 영적 성숙의 적

예배를 드리는 것보다 더 중요한 것

'나는 분노에 대해 다룸을 받고 훈련을 통해 하나님 앞에서 내 자아가 처리되었다'라고 생각한 집사님이 있었습니다. 그런데 어느 주일에 예배드리러 갈 시간이 되었는데 아내의 준비가 늦어져 시간이 지체되었습니다. 여자들은 준비하는 것이 많다 보니 아무래도 시간을 맞추는 것이 어려울 때가 많지 않습니까? 그 성도는 지각하는 것을 무척이나 싫어해서 어떤 모임이든지 시간 전에 미리 도착을 해야만 하는 성격이었습니다. 그런데 아내가 늑장을 부리니 화가 치밀어 오르기 시작했습니다. '감히 하나님께 예배드리러 가는 시간에 지각이라니!' 아내가 늦게 차에 탔는데, 속에서는 분노가 계속 치밀어 올랐습니다. 그렇다고 화를 쏟아내면 부부싸움이 일어날 것 같아 속으로 화를 꾹 누르며 참았습니다.

예배를 드리던 도중이었습니다. 그분의 속에서 하나님의 음성이 들려왔습니다. "아들아! 예배 시간에 늦지 않는 것보다 네 마음에 분노를 품지 않는 것이 더 중요하다. 네가 그런 일로 분노를 품으면 내 마음도 아프다는 것을 알아야 한다. 사탄은 너에게 있는 그런 부분을 가지고 너를 공격하기 때문이다." 그 순간 그분은 이 분노가 자신 속에 얼마나 뿌리 깊이 박혀 있는지 알게 되었고, 바로 회개했다고 합니다.

간혹 목사님들이 설교할 때 성도들에게 화를 내거나 성도들의 잘못을 책망하는 경우가 있는데, 그것은 성령님의 역사가 아닌 경우가 많습니다. 사탄에게 활동할 수 있는 기회를 제공하고 있다는 것을 모르기 때문입니다. 그런 설교를 듣다 보면 성도들 역시 분노가 체질화되어 가고, 심하면 분노조절장애를 겪을 수도 있게 됩니다.

가나안에 들어가지 못한 모세

리더십을 연구하는 학자들에 의하면 모세는 500년 만에 한 번 나올까 말까 하는 지도자라고 합니다. 그는 이집트 공주의 아들로 부귀영화를 누리며 살아갈 수 있었지만 바로의 공주 아들이라 칭함 받기를 거절했습니다. 그리고 광야에서 40년을 지낸 다음 하나님의 음성을 듣고 이스라엘 백성들을 출애굽 시켰습니다. 그런 모세가 하나님이 그들의 선조들에게 약속하셨던 가나안 땅에 얼마나 들어가고 싶어 했는지 모릅니다.

"구하옵나니 나를 건너가게 하사 요단 저쪽에 있는 아름다운 땅, 아름다운 산과 레바논을 보게 하옵소서"(신 3:25).

하지만 하나님은 허락하지 않으셨습니다. 이유가 신명기 3장

26절에 나옵니다.

> "여호와께서 너희 때문에 내게 진노하사 내 말을 듣지 아니하시고 내게 이르시기를 그만해도 족하니 이 일로 다시 내게 말하지 말라."

민수기 20장을 보면 이스라엘 백성들이 가데스에 이른 장면이 나옵니다. 그곳에 도착하자 백성들이 2절에서는 '물이 없다'고 했고, 5절에서는 '파종할 곳도 없고, 무화과도 없고, 포도도 없고, 석류도 없고, 마실 물도 없다'라고 했습니다. 다 없는 상황에서 그들에게 있었던 것은 바로 불평, 불만이었습니다. 불평이 체질화된 것입니다.

3절에서는 불평이 터져 나왔습니다. 4절에서는 '우리더러 여기서 다 죽으라는 말이냐' 하면서 백성들 전체가 들고 일어났습니다. 그러자 하나님이 모세에게 반석에서 물이 나게 하고, 회중과 그들의 짐승에게 마시게 하라고 하셨는데 문제가 생겼습니다.

> "모세와 아론이 회중을 그 반석 앞에 모으고 모세가 그들에게 이르되 반역한 너희여 들으라 우리가 너희를 위하여 이 반석에서 물을 내랴 하고"(민 20:10).

모세가 이스라엘 백성들을 향해 "반역한 너희여"라고 했습니다. 모세와 아론의 감정이 얼마나 상했으면 그런 말을 했겠습니까? 이에 대해 시편 106편 32-33절에서는 이렇게 말씀하고 있습니다.

"그들이 또 므리바 물에서 여호와를 노하시게 하였으므로 그들 때문에 재난이 모세에게 이르렀나니 이는 그들이 그의 뜻을 거역함으로 말미암아 모세가 그의 입술로 망령되이 말하였음이로다."

원망, 불평하는 그들 때문에 모세의 감정이 극도로 상하자 혈기 섞인 분노가 터져 나왔는데, 그것이 바로 "반역한 너희여"라는 말이었습니다. 이 말을 할 때 모세가 백성들에게 부드럽게 말했을까요? 그렇지 않았을 것입니다. 아마도 화를 쏟아내면서 큰 소리로 "이 반역자들아!"라고 했을 것입니다.

심지어 분노가 폭발한 모세는 '우리가 너희를 위하여 이 반석에서 물을 낼 테니 똑똑히 보라'고 했습니다. 이것은 결국 하나님과 자신을 동등한 위치에 올려놓는 결과가 되어버렸고, 그리고 지팡이를 들고 반석을 두 번이나 '쾅! 쾅!' 하며 내리쳤습니다. 그런 행동에 대해 하나님은 뭐라고 말씀하셨습니까?

"여호와께서 모세와 아론에게 이르시되 너희가 나를 믿지 아니하고 이스라엘 자손의 목전에서 내 거룩함을 나타내지 아니한 고로 너희는 이 회중을 내가 그들에게 준 땅으로 인도하여 들이지 못하리라 하시니라"(민 20:12).

분노의 뿌리는 교만에 있습니다. 그래서 우리는 이런 분노를 다스릴 수 있어야 합니다.

"교만이 오면 욕도 오거니와 겸손한 자에게는 지혜가 있느니라" (잠 11:2).

잠깐 쉬며 묵상해 보기

교회 또는 직장에서 회의를 하거나, 가정생활을 하면서 분노를 터트린 적은 없나요?
그것을 의로운 분노라고 여기며 스스로를 합리화하지는 않았나요?

다스리지 못한 분노

　우리가 아무리 신앙생활을 잘해도 살다 보면 화를 낼 수밖에 없는 상황이 찾아옵니다. 분노는 사람의 기본감정인 '희로애락'(喜怒哀樂)의 하나이기 때문입니다. 수치를 당했을 때, 욕구가 좌절되었을 때, 신체적으로 억압을 당했을 때, 심한 간섭을 받았을 때, 사기를 당했을 때, 무시를 당했을 때, 인격모독을 당했을 때, 업신여김을 받았을 때 등 여러 가지 경우에 나오는 자연스러운 감정적인 반응이기에 그것 자체가 잘못은 아닙니다. 성경에서도 화 자체를 정죄하고 있지는 않습니다.

　　"분을 내어도 죄를 짓지 말며 해가 지도록 분을 품지 말고 마귀에
　　게 틈을 주지 말라"(엡 4:26-27).

그러나 분노를 처리하지 않고 그냥 놓아두면 그것이 우리로 영적 침체에 빠져들게 하면서 결국은 밖으로 표출되기 때문에 죄가 됩니다.

하나님이 가인의 제물을 받지 않으셨을 때 성경은 '가인이 드린 제물에 문제가 있었다'라고 말하지 않습니다. 즉, 양을 바치든, 곡물을 바치든 그것을 문제 삼지 않으셨다는 뜻입니다. 그렇다면 무엇에 문제가 있었기 때문에 가인의 제물을 받지 않으셨던 것일까요? 그것은 제물을 드린 사람에게 문제가 있었기 때문입니다. 창세기 4장 6절입니다.

"여호와께서 가인에게 이르시되 네가 분하여 함은 어찌 됨이며
안색이 변함은 어찌 됨이냐."

이것을 보면 가인은 자신의 제물을 받지 않으신 하나님께 대하여 분노하고 있었음이 분명합니다.

하나님은 7절에서 이렇게 말씀하셨습니다.

"죄가 너를 원하나 너는 죄를 다스릴지니라."

그러나 가인은 하나님께 아무런 말도 하지 않았습니다. 곧이어

나오는 7절과 8절 사이에는 시간적인 간격이 있습니다. 그것이 며칠인지, 몇 달인지 성경은 침묵하고 있습니다. 하지만 시간이 가면서 가인의 성품 속에 심겨진 처리되지 못한 분노는 씨앗이 자라듯이 점점 자라게 되었습니다.

결국에는 동생을 죽이려는 계획을 세웠는데, 그것이 7절과 8절 사이의 시간적 간격 안에 있었던 일입니다. 그리고 그 계획을 실행으로 옮기게 된 것이 8절입니다.

"그들이 들에 있을 때에 가인이 그의 아우 아벨을 쳐 죽이니라."

분노가 사람이 사람을 죽이는 살인까지 저지르게 했습니다. 이처럼 분노는 부부 사이, 부모와 자녀 사이, 성도 사이, 사람과 사람 사이를 무너뜨리고 파괴합니다.

"사람이 성내는 것이 하나님의 의를 이루지 못함이니라"(약 1:20).

사탄은 우리가 당한 서운한 감정, 억울한 감정, 부당한 대우를 받았다는 감정, 너무나 분하다는 감정, 자존심이 상했다는 감정, 인격을 모독 당했다는 감정, '다른 사람 앞에서 나를 그렇게 무참히 짓밟다니… 두고 보자. 감히 내 말을 무시해!' 하는 감정 등을 통해 우리 성품에 소리도 없이 들어와 자리 잡습니다. 그 감정은 시간이 흐르면서 점점 더 자라고, 상한 감정을 통해 내 속에서 소설을 쓰게 합니다. 확대 재생산까지 하게 되면서 마음속으로 그 사람을 죽이기도 하고, 살리기도 하고, 미워하기도 하고, 이를 갈기도 합니다. 그러다 행동으로 나타내게 됩니다.

> "마귀가 벌써 시몬의 아들 가룟 유다의 마음에 예수를 팔려는 생각을 넣었더라"(요 13:2).

마귀는 가룟 유다의 생각을 통해 영의 대문이라고 할 수 있는 감정 속 깊은 곳에 침투했습니다. 예수님을 팔려고 한 것은 그저 생각이었을 뿐입니다. 그러나 그것을 자기 것으로 받아들임으로써 유다는 예수님을 팔아넘길 기회를 엿보기 시작했고, 결국은 예수님을 은 삼십을 받고 팔아버리는 행동으로까지 나아갔습니다.

외부적인 자극이 없을 때는 감사가 나오고, 입에도 찬양이 가득합니다. 그러나 자녀가 속을 썩입니다. 화낼 만한 일들을 만납니다. 당회를 하면서, 제직회를 하면서, 기관에서 월례회를 하면서 내 의견이 받아들여지지 않습니다. 직장에서 상관이 나를 인격적으로 무시한다는 생각이 듭니다. 그러면 속이 부글부글 끓어오르기 시작합니다.

남편이 무시하는 말을 합니다. 아내가 바가지를 긁기 시작합니다. 남편의 자존심을 여지없이 짓밟는 말을 합니다. 아내인 나를 밥순이로만 여기는 것 같습니다. 그러니 도무지 참을 수가 없습니다. 대수롭지 않은 일인데도 자녀들에게 화를 내고, 남편과 아내에게 화를 냅니다. 직장의 동료가 잘난 체 합니다. 그러면 속이 상하고 뒤집히면서 안색도 변합니다. 그리고 폭발을 해버립니다. 그러면 주일에 예배드리며 은혜 받았던 것은 다 사라지고, 스스로 그리스도에게 속한 사람이 아닌 것 같은 느낌이 들면서 더 깊은 상처가 남게 됩니다.

분노에서 벗어나기

하나님은 분노하는 가인에게 "죄가 너를 원하나 너는 죄를 다스릴지니라"라고 했습니다. 분노를 다스려야 할 책임이 우리 자신에게 있다는 것입니다. 그렇다면 어떻게 해야 하겠습니까?

첫째로 나를 십자가에 내려놓아야 합니다.

어느 목사님이 섬기던 교회를 사임하고 다른 교회로 임지를 옮기게 되었습니다. 그런데 사임한 교회에 후임 목사님이 오셨는데 설교 도중에 전임 목사님이 지금도 교회 주변의 성도들 가정을 심방하고, 성도들에게 돈을 요구한다는 말을 했다고 합니다. 전임 목사님은 사임 후 그 교회 근처도 가보지 않았는데 말입니다. 그 설교를 들은 어느 성도가 전임 목사님에게 전화를 걸어 확인하고

서 "그것이 사실이 아니라면 무고죄로 고소를 해야 하지 않겠습니까?"라고 했지만, 목사님은 그럴 수 없다고 거절했습니다.

그 목사님도 그 전에는 그러지 않았습니다. 속에서 부글부글 끓으면 따져야 했고, 전화를 걸어 시시비비를 가려야 했습니다. 그러나 하나님이 다루시는 손길을 통과하면서 '변명하지 말고, 너 자신을 변호하지 말라'는 훈련을 받았습니다. 누가 자신더러 '도둑놈'이라고 해도 그냥 인정하고 받아들이는 훈련을 받았습니다. 그것이 처음에는 죽기보다 싫었답니다. 더 화가 치밀어 오르는 것 같았습니다. 하지만 "하나님! 나는 예수님과 함께 십자가에 못 박혀 죽었습니다"라고 고백하며 자신을 십자가에 내려놓자 속에서 일어나는 분노를 이길 수 있게 되었다고 합니다.

십자가는 자아가 끝나는 곳입니다. 십자가는 죄가 없으신 예수님도 죽은 곳이었습니다. 내가 죽으면 내 안에 계신 그리스도가 주인이 되어 살아납니다. 예수님이 살아나니 나에게 화를 내게 만든 사건과 사람마저도 품을 수 있고, 사랑할 수 있고, 대수롭지 않게 여길 수 있게 됩니다. 나는 죽었고 예수님이 내 안에 살아나셔서 주인으로 계시기 때문입니다.

그러니 스스로를 변명하고 변호하는 곳에 나 자신을 두지 마시기 바랍니다. 도리어 비난과 오해, 멸시, 업신여김을 당했던 자리와 수치심을 안겨준 사건과 사람, 자존심을 상하게 한 그 사람과 사건, 무시당했던 그 일 속에 나를 두시기 바랍니다. 나아가 오직 나 자신을 사랑에 두는 훈련을 하시기 바랍니다.

"하나님은 사랑이시라"(요일 4:16).

하나님을 한마디로 말한다면 사랑이라고 할 수 있습니다. 여전히 속에서 화가 나서 통제가 되지 않는다면 그것은 아직 내 자아가 십자가에 못 박혀 죽은 것이 아니라는 증거입니다. 그것은 내가 살아난 것이고, 그리스도는 죽은 것이 됩니다.

복음은 내가 죽고 그리스도가 사는 것이지, 내가 살고 그리스도가 죽는 것이 아닙니다. 그러므로 분노가 치밀어 오를 때라도 나 자신을 변호하는 곳에 두지 말고 사랑하는 마음으로 모두를 품으시기 바랍니다.

교회 안에서 당회, 제직회, 월례회를 할 때 그렇게 한다면 얼마나 좋을까요? 성도들끼리 그렇게 분노를 다스리며 산다면 얼마나 좋을까요? 가정에서 부모들이 자녀들에게 화내는 것을 절제하고, 하나님의 사랑에 자신을 놓아둔다면 얼마나 좋을까요? 그리스도가 자신의 주인이심을 믿으면 이 모든 것이 가능합니다.

둘째로 분노로 가득 찬 마음을 하나님께 기도로 쏟아내야 합니다.

"하나님! 제가 지금 화가 많이 나 있습니다. 제 마음이 너무 상했습니다. 저도 제 마음을 통제할 수가 없습니다. 하나님, 도와주시옵소서." 속이 상하고 화가 났다 하더라도 그 모습 그대로 숨기지 말고 하나님께 솔직하게 내어 보이시기 바랍니다. 그러면 하나님은 우리의 상한 마음을 고치시고 어루만져 주십니다. 그럴 때 분노에서 자유할 수 있는 은혜가 임하게 되리라 믿습니다.

"너희는 모든 악독과 노함과 분냄과 떠드는 것과 비방하는 것을 모든 악의와 함께 버리고 서로 친절하게 하며 불쌍히 여기며 서로 용서하기를 하나님이 그리스도 안에서 너희를 용서하심과 같이 하라"(엡 4:31-32).

5.

약점 때문에 괴로워하지 말라

하나님의 시선으로 나를 바라보라

우리가 성경을 읽고 기도를 많이 한다고 해서 사탄이 우리를 가만히 놓아둘 것이라고 생각해서는 안 됩니다. 사탄은 우는 사자와 같이 우리를 찾아와 더 낙심하게 만들고, 좌절하게 만들고, 절망하게 만듭니다.

'네가 무슨 기도를 한다고 그러냐? 네가 천국 갈 것 같으면 못 갈 사람이 없겠다. 하나님이 너를 들어 쓰신다고? 복을 주신다고? 말도 안 되는 소리지. 네 분수나 제대로 알고 그런 소리를 해!' 이런 생각이 들면 비전을 향해 달려가다가도 여지없이 절벽 아래로 떨어지는 느낌을 갖게 됩니다. '그래. 나는 성공과는 거리가 먼 사람이야. 나 같은 사람이 뭘 하겠다고 나선 것 자체가 오산이지!' 하며 낙심하고 실망합니다.

물론 나 자신을 볼 때는 천국 갈 자격이 없습니다. 성도라 불릴 자격 또한 없습니다. 목사가 될 만한 자격도 없고, '장로님'이나 '집사님'으로 불릴 만한 자격도 없습니다. 다 맞습니다. 하지만 하나님은 내가 그런 사람인 것을 아시고 나를 자녀 삼아주셨습니다. 하나님은 내 약함을 아십니다. 내 결점도 아십니다. 내 모난 부분도 아십니다. 내 부족함도 아십니다. 그러나 하나님은 나의 그런 외적인 조건을 보시고 선택하신 것이 아닙니다.

> "너희는 그 은혜에 의하여 믿음으로 말미암아 구원을 받았으니 이것은 너희에게서 난 것이 아니요 하나님의 선물이라 행위에서 난 것이 아니니 이는 누구든지 자랑하지 못하게 함이라"(엡 2:8-9).

하나님의 은혜로 하나님의 자녀가 되었기에 나는 하나님께 사랑스러운 존재입니다. 부모의 눈으로 자식을 보면 모든 것이 사랑스럽게 보입니다. 나의 눈으로 나를 보지 말고, 나를 사랑하시는 하나님의 눈으로 나를 보시기 바랍니다. 부르심 속에 그럴 만한 자격이 있고, 하나님의 자녀 됨 속에 그럴 만한 자격이 있습니다.

> "너의 하나님 여호와가 너의 가운데 계시니 그는 구원을 베푸실 전능자이시라 그가 너로 말미암아 기쁨을 이기지 못하시며 너를 잠잠히 사랑하시며 너로 말미암아 즐거이 부르며 기뻐하시리라"(습 3:17).

나라를 구한 왼손잡이 사사 에훗

　에훗을 보십시오. 그는 이스라엘 백성을 괴롭힌 모압 왕 에글론을 죽인 민족의 영웅이었습니다. 모압과 암몬 족속이 이스라엘을 지배하면서 그들의 경제적 요충지를 다 빼앗아 버렸습니다. 이스라엘 백성들은 먹고살 길이 막막하고 너무나 살기가 힘이 들자 하나님께 부르짖었는데 하나님은 에훗이라는 사사를 통해 모압과 암몬의 학정으로부터 그들을 해방시켜 주셨습니다.

　에훗은 에글론 왕에게 조공을 바치러 가면서 오른쪽 바지 주머니 속에 칼을 숨겨 들어갔습니다. 조공을 바치고 아부를 하는 척하다가 은밀하게 왕에게 드릴 말씀이 있다고 하면서 왕과 독대하기를 청했습니다. 왕과 단둘이 있게 되자 갑자기 에훗은 숨겨두었던 칼을 뽑아 에글론의 배를 찔렀습니다. 그리고 그 길로

왕의 처소를 빠져나와 에브라임 산지로 올라가서는 나팔을 불며 백성들을 불러 모았습니다. "우리를 괴롭히던 원수 에글론 왕을 내가 죽였습니다. 우리는 이제 자유입니다." 그리고 일만 명이 넘는 모압 족속들을 죽이고 이스라엘 백성들에게 평화를 안겨 주었습니다.

그런데 성경을 보면 하나님이 사용하셨던 에훗이 어떤 사람인가 아주 짤막하게 기록되어 있습니다. 사사기 3장 15절입니다.

"여호와께서 그들을 위하여 한 구원자를 세우셨으니 그는 곧 베냐민 사람 게라의 아들 왼손잡이 에훗이라."

첫째 그는 베냐민 지파 사람이었고, 둘째로 왼손잡이였습니다. '베냐민'이라는 말은 히브리어로 '오른손의 아들'이란 뜻입니다. 오른손의 아들로서 베냐민 지파는 오른손을 아주 잘 사용했습니다. 그런데 그런 지파에 속한 자에게서 아들이 태어났는데 왼손잡이였습니다.

어떤 성경학자는 에훗을 오른손 장애를 가진 사람으로 해석했는데, 그것보다는 다른 사람에 비해 왼손이 더 발달된 사람으로 보는 것이 타당합니다. 에훗은 베냐민 지파 다른 사람들에 비해 아무래도 오른손보다는 왼손을 사용하는 것이 더 편했던 사람이었습니다. 하나님은 그런 약점이 있는 에훗을 사용하셔서 이스라엘을 구하셨습니다.

보배를 담은 질그릇

세상 사람들은 사람을 쓸 때 잘나고 힘 있고 배경이 좋고 똑똑한 사람을 선호합니다. 그래야 기여도가 높기 때문입니다. 그러나 힘 있는 자는 쉽게 교만해집니다. 자랑이 앞서기 쉽습니다. 능력을 나타내고, 일을 성취하고 나면 자기가 잘해서 된 것처럼 자기를 내세우기 쉽습니다. 그래서 하나님은 강하고 힘 있는 자를 잘 쓰시지 않습니다. 도리어 약점이 있는 사람, 잘난 구석이 별로 없는 사람, 그런 사람들을 더 크게 들어 쓰실 때가 많습니다. 왜 그럴까요?

그 이유는 약한 사람은 하나님을 의지하기 때문입니다. 약하기 때문에 하나님 앞에 엎드립니다. 약하기 때문에 하나님 앞에 눈물을 흘리며 은혜를 구합니다. 약하기 때문에 겸손합니다. 낮은

곳으로 물이 흘러가 고이듯이 하나님의 능력은 그곳으로 흘러갈 수밖에 없습니다.

"우리가 이 보배를 질그릇에 가졌으니 이는 심히 큰 능력은 하나님께 있고 우리에게 있지 아니함을 알게 하려 함이라"(고후 4:7).

우리는 질그릇과 같이 깨어지기 쉽고 연약한 존재입니다. 질그릇에 보배를 받으면 보배로운 그릇이 되고, 금을 담으면 금 그릇이 되고, 국을 담으면 국그릇이 됩니다. 질그릇에 가치가 있는 것이 아니라 질그릇에 담긴 내용물에 따라 가치가 달라지기 때문입니다. 하나님은 우리에게 영을 주셨고 그 영에 하나님을 담을 수 있도록 해주셨습니다. 요한복음 14장 23절 말씀입니다.

"우리가 그에게 가서 거처를 그와 함께하리라."

여기 나오는 '거처'란 '거하는 장소'를 말합니다. 집을 말합니다. 성령님은 우리의 영을 거처로, 집으로 삼으셨습니다. 그래서 우리의 영을 그리스도의 집이라고 부르지 않습니까?

질그릇 같은 내 영에 부활하신 예수님이 오셨습니다. 예수님이 내 죗값으로 십자가를 지시고, 나도 십자가에서 예수님과 함께 죽은 자가 된 이유는 죽은 자 가운데서 부활하신 예수님이 내 영에 들어오셔서 나와 하나가 되어 나로 하여금 예수님으로 살아가도록 하기 위해서였습니다.

세례 요한은 사람들에게 완성된 구속 사역의 복음을 증거할 수 없었습니다. 다시 말하면 세례 요한은 구원의 복음에 관한 한 해 줄 말이 없었습니다. 다만 "보라 세상 죄를 지고 가는 하나님의 어린 양이로다"라고 하면서 예수님을 바라보라고 했을 뿐, 예수님을 통해 다 이루어진 구속의 복음을 선포할 수는 없었습니다. 십자가로 말미암은 죄 용서, 부활로 말미암은 죽음의 문제 해결, 그리고 오순절 성령 강림을 통한 성령님의 내주하심은 세례 요한이 목 베임을 당한 후에야 이루어졌기 때문입니다.

세례 요한이 살아 있을 동안에는 구속은 다만 약속이었을 뿐 개인적으로 소유할 수는 없었습니다. 요한이 증거한 내용은 참이었지만, 그럼에도 단지 구원에 대한 소망만을 줄 뿐이었습니다. 구원에 대한 소망을 가지고 있는 것과 그것을 현재적으로 소유하고 있는 것은 별개의 문제입니다. 요한은 결코 완성된 구속의 역사를 보지 못했고, 그것에 대한 성령님의 증거를 듣지 못했으며, 오순절 성령 강림도 경험하지 못했습니다.

그런데 우리 역시 세례 요한의 메시지에만 붙잡혀 살아가고 있을 때가 많습니다. "예수님은 세상 죄를 지고 가신 하나님의 어린

양이다. 십자가는 바로 나를 위한 사건이다. 예수님은 나를 위해 부활하셨다." 이것까지는 압니다. 이것을 구속의 복음이라고 합니다. 속죄의 복음이라고 합니다. 예수님을 믿으면 죄를 용서받고 천국에 갑니다. 하지만 여기서 그치기 때문에 우리는 예수님을 믿는다고 하면서도 변화가 무엇인지를 모릅니다. 세례 요한 이후 등장한 바울은 예수님이 우리 영에 오셨다고 했습니다.

"이 비밀은 너희 안에 계신 그리스도시니 곧 영광의 소망이니라" (골 1:27).

"믿음으로 말미암아 그리스도께서 너희 마음에 계시게 하시옵고" (엡 3:17).

"예수 그리스도께서 너희 안에 계신 줄을 너희가 스스로 알지 못하느냐 그렇지 않으면 너희는 버림받은 자니라"(고후 13:5).

속죄의 복음과 함께 예수님이 내 영에 오셨을 뿐 아니라, 나와 하나가 되어 내가 예수님으로 살아가도록 하려는 데 그 목적이 있다는 것까지 알아야 하고, 믿어야 하고, 또 그것이 나에게 실재가 되도록 해야 합니다.

그릇 옆에 아무리 많은 진주를 쌓아 놓아도 그것은 그냥 그릇일 뿐입니다. 진주 그릇이 되려면 진주를 그릇에 담아야 합니다.

"내가 그리스도와 함께 십자가에 못 박혔나니 그런즉 이제는 내가 사는 것이 아니요 오직 내 안에 그리스도께서 사시는 것이라 이제 내가 육체 가운데 사는 것은 나를 사랑하사 나를 위하여 자기 자신을 버리신 하나님의 아들을 믿는 믿음 안에서 사는 것이라"(갈 2:20).

나는 예수님과 함께 십자가에 못 박혀 죽었습니다. 그래서 이제는 내가 사는 것이 아니라 내 안에 그리스도께서 사시는 것입니다. 그런데 우리는 여전히 내가 살고 예수님을 죽이고 있습니다. "아니, 내가 예수님을 죽이다니 그게 무슨 말씀입니까?"라고 물으시겠지만, 우리는 그게 아니라고 하면서도 그렇게 살아갈 때가 너무 많습니다.

내가 살기 때문에 내 약점을 보는 순간 여지없이 무너집니다. 내가 살기 때문에 능력이 나타나면 자기 만족감에 사로잡혀 내가 한 줄 알고 교만이 고개를 쳐들기 시작합니다. 내가 살기 때문에 죄책감이 마음을 짓누르면 깊은 수렁에 빠져 헤어 나오질 못합니다. 내가 살기 때문에 실수하고 실패하면 인생이 끝나버린 것처럼 좌절합니다. 나는 십자가에서 예수님과 함께 죽었다고 하면서도 우리는 여전히 나를 살려놓고 예수님을 죽입니다. 그리고 신앙생활을 잘하고 있다고 여깁니다. 그것이 바로 종교 생활입니다.

나는 지금도 육체의 몸을 가지고 있기 때문에 육을 가진 사람으로 살아가지만 내 영에 오신 예수님이 나와 하나가 되면 예수님으로 살아가게 됩니다. 그것이 바로 육이 영을 지배하는 것이 아니라 영이 육을 지배하는 삶입니다. 나는 여전히 육체 가운데 살아가지만 예수님이 내 안에 주인이 되어 나를 다스리고 통제함으로 살아가는 그것이 바로 진정한 신앙생활입니다. 이것을 분명하게 믿어야 합니다. 그래야 자신의 약점에서, 기타 모든 잘못된 감정에서 벗어날 수 있습니다.

나는 보배를 질그릇에 담은 자가 되었습니다. 그러므로 내 부족한 부분도, 약한 부분도 하나님의 능력을 나타내는 통로가 됩니다. 결단코 내가 능력을 나타내는 것이 아닙니다. 내가 잘나고 머리가 똑똑해서 출세를 하는 것이 아닙니다. 내가 특별나서 사회적 명성을 얻은 것이 아닙니다. 내가 능력이 많아서 병든 자를 고치는 것이 아닙니다. 질그릇 같은 나를 통하여 예수님이 능력을 나타내시기 때문입니다.

내가 잘나서 그런 일을 했다고 생각하면 나는 질그릇이 됩니다. 그러나 내가 사는 것이 아니라 내 안에 그리스도가 사신다는 것을 믿으면 나는 질그릇에 보배를 담은 자가 됩니다. 겉만 보면 아무리 봐도 질그릇이지만 내 속에 담긴 내용물, 보배 되신 예수님 때문에 나는 존귀한 자가 됩니다.

"그러므로 내가 그리스도 예수 안에서 하나님의 일에 대하여 자랑하는 것이 있거니와 그리스도께서 이방인들을 순종하게 하기 위하여 나를 통하여 역사하신 것 외에는 내가 감히 말하지 아니하노라"(롬 15:17-18).

누구를 통하여 하나님의 일이 나타났다고 했습니까? '나를 통하여'입니다. 누가 하셨다고 했습니까? 그리스도께서 하셨다고 했습니다. 능력의 심히 큰 것이 나에게 있는 것이 아니라 내 영에 계신 예수님에게 있습니다.

"이는 그가 모든 지혜와 총명을 우리에게 넘치게 하사"(엡 1:8).

나로서는 지혜가 부족합니다. 총명도 부족합니다. 지식도 부족합니다. 옳습니다. 그래서 나는 약점도 많습니다. 실수도 잘 합니다. 허물투성이입니다. 잘난 구석도 별로 없습니다. 그러나 괜찮습니다. 걱정하지 마시기 바랍니다. 거듭해서 드리는 말씀이지만 내 안에 누가 살아 계시기 때문입니까? 예수님이 사시기 때문입니다. 그 예수님이 나에게 지혜와 총명을 넘치도록 주시기 때문입니다. 그래서 내 지혜가 아닙니다. 내 능력이 아닙니다. 내 실력이 아닙니다. 오직 예수님의 능력입니다.

"내가 진실로 진실로 너희에게 이르노니 나를 믿는 자는 내가 하는 일을 그도 할 것이요 또한 그보다 큰 일도 하리니 이는 내가 아버지께로 감이라"(요 14:12).

아니, 내가 어떻게 예수님이 하신 일보다 더 큰 일을 할 수 있다는 말입니까? 나는 약점이 많은데요! 나는 부족한데요! 나는 지식도 부족한데요! 나는 가진 것도 없는데요! 나는 별로 내세울 것 없는 집안인데요! 나는 가방끈도 짧은데요! 어떻게 그것이 가능하다는 말입니까? 그래도 얼마든지 가능합니다. 나로서는 죽었다 깨어나도 할 수 없지만 내 영에 계신 예수님이 하시기 때문입니다.

나를 죽음에 내려놓으면 예수님이 나를 통하여 능력을 베푸시니 치유케 되는 역사가 일어납니다. 말씀을 전해도 내가 하는 것이 아니라 내 안에 계신 예수님이 능력의 말씀이 되게 하시니 사람들이 은혜를 받고 변화의 역사가 일어나게 됩니다.

그러니 약점 때문에 기죽지 마시기 바랍니다. 재산의 유무 때문에 주눅 들지 마시기 바랍니다. 움츠러들지 마시기 바랍니다. 질그릇 같은 내 속에 보배로우신 예수님이 계심을 확실하게 믿으시기 바랍니다.

너를 쓰고 싶다

하나님은 나를 쓰고 싶어 하십니다. 아브라함을 보십시오. 아브라함은 우상숭배하며 우상 장사를 하는 집안의 아들로 태어났지만 믿음의 조상이 되었습니다. 말 못 할 가정사가 있다 할지라도 그것 때문에 자학하지 마시기 바랍니다. 하나님은 얼마든지 나를 쓰실 수 있고, 여전히 나를 사랑하십니다.

어느 목사님이 젊었을 때 폐병을 앓았습니다. 폐병 때문에 얼마나 힘이 들었는지 모릅니다. 주일날 설교할 때면 강대상 주위로 피를 닦아낸 휴지가 수북했습니다. 얼마나 낙심이 되고 실망이 되었겠습니까? 그럴 때마다 목사님이 암송하고 또 암송하신 성경 구절이 시편 18편 1-2절입니다.

"나의 힘이신 여호와여 내가 주를 사랑하나이다 여호와는 나의 반석이시요 나의 요새시요 나를 건지시는 이시요 나의 하나님이시요 내가 그 안에 피할 바위시요 나의 방패시요 나의 구원의 뿔이시요 나의 산성이시로다."

목사님은 자신의 약점을 볼 때마다 하나님께 피했습니다. 그러자 하나님은 목사님의 약점을 감싸주시고 힘이 되어주셨습니다.

쓸모없게 보이는 돌일지라도 위대한 조각가의 손에 들리면 위대한 조각품이 나오게 됩니다. 허름한 바이올린일지라도 위대한 연주가의 손에 들리면 아름다운 음악을 만들어 냅니다. 다 낡은 붓일지라도 훌륭한 화가의 손에 들리면 사람을 감동시키는 작품이 탄생하게 됩니다.

나 자신이 질그릇 속에 예수님을 담고 있는 하나님의 사람임을 기억하시기 바랍니다. 그래서 이제부터는 자신 있게, 당당하게 어깨를 펴고, 하나님의 자녀라는 신분을 잊지 말고 살아가시기를 우리 주 예수님의 이름으로 축원합니다.

내 주님 서신 발 앞에
나 꿇어 엎드렸으니
그 크신 역사 이루게 날 받으옵소서

내 모습 이대로 주 받으옵소서
날 위해 돌아가신 주 날 받으옵소서

6.

수치심과
죄책감으로부터의
자유

불청객인 수치심

우리의 영적인 삶을 방해하고 영적 침체에 빠지게 하는 불청객 가운데 하나가 바로 수치심입니다. 이것은 하루에도 몇 번씩 우리에게 찾아오지만 이것을 어떻게 다루고 처리해야 하는지 그 방법을 모를 때가 많습니다. 그러다 보니 속수무책으로 당하기도 하고, 때로는 그 불청객이 도리어 내 속에서 주인 행세를 하려고 합니다.

수치심이 찾아오지 않는 사람은 아무도 없습니다. 그림자 없는 사람이 아무도 없듯이, 누구나 다 실수를 하고 죄를 짓기 때문에 수치심이 찾아오는 것은 당연한 일입니다. 단지 그것을 어떻게 극복하느냐가 문제인 것입니다.

수치심을 느끼는 이유

성경에서 최초로 수치심이 나오는 곳은 창세기 3장입니다. 아담과 하와는 선악을 알게 하는 나무의 실과를 따 먹자 자신들이 벌거벗었다는 것을 알게 되었고, 그래서 부끄러워 무화과나무 잎으로 몸을 가린 다음 동산 나무 사이에 숨었습니다. 죄의 결과로 수치심이 찾아오고, 그 배후에는 분명히 사탄의 계략이 숨어 있다는 것을 알 수 있습니다.

수치심은 보통 나에게 결점이 있다고 느낄 때, 내 죄가 다른 사람에게 노출되었을 때, 다른 사람들로부터 비난을 받았을 때, 실수를 하거나 잘못을 범했을 때, 또는 어렸을 때 받은 상처 등으로 생깁니다. 그러면서 이 수치심은 나 자신에 대해 부정적인 평가를 내리게 합니다.

수치심과 죄책감

　수치심은 다른 사람에게 비친 나의 모습을 보면서 부끄러움을 느끼는 것이고, 죄책감은 나 자신을 바라볼 때 일어나는 부끄러움이라고 할 수 있습니다. 수치심이 일어날 때 죄책감이 뒤따라오는 경우가 많은데, 이 죄책감이 우리를 옥죄입니다.

　때로는 설교를 통해, 때로는 기도하던 중에, 때로는 말씀을 읽고, 묵상하던 중에 내 죄가 생각나서 하나님께 회개합니다.

"만일 우리가 우리 죄를 자백하면 그는 미쁘시고 의로우사 우리 죄를 사하시며"(요일 1:9).

　이 말씀을 믿습니다. 그런데도 사탄은 그 죄 자체가 아니라, 그런 죄를 지었다는 수치심과 죄책감으로 내 감정을 건드리며 나를 넘어뜨리려 합니다.

"한번 양심적으로 생각해 봐. 어떻게 그럴 수가 있어? 아내 얼굴 보기에 창피하지도 않니? 자녀들이 너의 그런 모습을 보면 좋아하겠어? 네가 그러면 안 되지. 지금 네가 겪고 있는 고통은 바로 네가 그런 죄를 지었기 때문에 하나님이 너를 벌하신 결과야! 하나님은 거룩하신 분이고 의로우신 분이잖아. 그러니 네가 지은 죄를 얼마나 싫어하시는지 몰라. 회개했다고 다 되었다고 생각하면 안 되지. 네가 죄 지은 것을 내가 알고 있고, 너도 알고 있잖아! 이제 네 기도는 응답되지 못하고, 하나님은 너에게 관심도 없어. 백날 부르짖어봐, 응답을 주시는가. 평생 후회나 하면서 살아라, 이 죄인아!" 그러면 얼마나 창피한지, 쥐구멍에라도 들어가고 싶은 심정이 됩니다.

이어서 죄책감이 뒤따라옵니다. '그래, 나 같은 사람이 어떻게 하나님의 은혜와 사랑과 축복을 받을 수 있겠어? 나는 내가 지은 죄로 고통을 겪으며 살아야 해' 하며 부정적이고 망할 생각들을 받아들이게 되고, 기도할 힘도 잃어버리면서 의욕마저 상실하게 됩니다. 하지만 그것이 정말 하나님이 원하시는 것일까요?

 **잠깐 쉬며 묵상해 보기**

내가 수치심과 죄책감을 느꼈던 적은 언제였나요?

그 어떤 죄도 깨끗게 하시는
예수님의 보혈

"하나님이 우리에게 주신 것은 두려워하는 마음이 아니요 오직 능력과 사랑과 절제하는 마음이니"(딤후 1:7).

하나님은 우리에게 두려워하는 마음을 주시지 않습니다. 도리어 사랑과 능력과 절제하는 마음을 주십니다. 내가 어떤 죄를 지었다 하더라도 회개를 했다면 이미 하나님은 용서하셨습니다.

용서란 잘못 자체를 없는 것으로 인정하는 것이요 잊어버리는 것을 말합니다.

"내가 그들의 불의를 긍휼히 여기고 그들의 죄를 다시 기억하지 아니하리라"(히 8:12).

하나님은 우리가 회개한 죄를 다시는 기억하지도 않는다고 했습니다. 그것이 바로 용서입니다. 하나님은 우리가 회개한 죄에 대해 다시는 기억하지 않는다고 하는데, 사탄은 우리가 지은 죄를 자꾸 기억하라고 부추깁니다. 그것을 받아들이면 순식간에 죄책감으로 나를 압박하기 시작합니다.

하지만 하나님이 기억도 하지 않는 것을 내가 그때 지은 그 죄의 현장으로 다시 돌아가 기억해 내면서 스스로를 거기에 놓아 둘 필요가 전혀 없습니다. 하나님의 용서를 믿고 받아들이시기 바랍니다. 그래야 이 수치심과 죄책감에서 자유할 수 있습니다.

"그 아들 예수의 피가 우리를 모든 죄에서 깨끗하게 하실 것이요"
(요일 1:7).

마르틴 루터는 종교개혁을 하면서 한편으로 성경을 번역했습니다. 성경 번역에 몰두하고 있던 어느 날 사탄이 나타나서는 "네가 무슨 개혁을 한다는 거야? 너 자신이나 개혁해. 네가 무슨 성직자야?" 하며 낙심과 좌절을 안겨주었습니다. 루터는 사탄의 그 공격에 "사탄아, 물러가라!" 하며 외쳤습니다. 그래도 사탄은 물러가지 않고 루터를 괴롭혔습니다. 어느 날 루터는 성경 말씀을 읽다가 무언가를 깨닫고 이렇게 외쳤습니다. "그래! 네가 한 말이 모두 맞다. 나는 사제가 될 자격도 없다. 네가 지적하는 죄를 내가 다 지은 것도 사실이다. 그러나 만일 우리가 우리 죄를 자백하면 그는 미쁘시고 의로우사 우리 죄를 사하시며 우리를 모든 불의에서 깨끗하게 하신다는 말씀을 나는 믿는다." 그러자 사탄이 떠나갔고 그는 종교개혁을 계속해 나갈 수 있었습니다.

죄책감이 마음을 누를 때마다 이렇게 선포하기기 바랍니다. "그래! 나는 그런 죄를 지은 것이 맞다. 그러나 나는 하나님께 회개했다. 하나님은 나의 죄를 예수님의 피로 깨끗하게 씻어주셨다. 내가 지은 죄를 기억도 하지 않는다고 하셨다. 나는 하나님의 이 약속의 말씀을 믿는다. 그리고 하나님은 여전히 나를 사랑하시기 때문에 새로운 길을 열어주시고 회복시켜 주실 것을 나는 믿는다. 사탄아! 너는 나를 넘어지게 하는 자로다! 나를 떠나가라!" 사탄이 우리의 감정을 짓누를 수 있도록 기회를 주지 마시기 바랍니다. 감정의 포로가 되지 마시기를 바랍니다.

결코 정죄함이 없나니

"그러므로 이제 그리스도 예수 안에 있는 자에게는 결코 정죄함이 없나니 이는 그리스도 예수 안에 있는 생명의 성령의 법이 죄와 사망의 법에서 너를 해방하였음이라"(롬 8:1-2).

베드로는 예수님이 로마 군병들에게 잡혀갔을 때 예수님을 모른다고 세 번이나 부인했습니다. 그 순간 예수님이 말씀하신 것처럼 닭이 울었습니다. 베드로는 예수님의 말씀이 생각나서 밖으로 나가 통곡했습니다. 그리고 회개했습니다. 그런데 그 이후 닭이 울 때마다 베드로가 죄책감에 사로잡혀 "나는 예수님을 부인했던 자입니다. 나는 아무 쓸모도 없는 사람입니다. 예수님의 제자가 될 만한 자격이 없는 사람입니다!" 하면서 자신을 채찍질하며 괴로워했을까요? 결코 그렇지 않습니다. 도리어 이렇게 외쳤습니다.

"그러나 너희는 택하신 족속이요 왕 같은 제사장들이요 거룩한 나라요 그의 소유가 된 백성이니 이는 너희를 어두운 데서 불러내어 그의 기이한 빛에 들어가게 하신 이의 아름다운 덕을 선포하게 하려 하심이라 너희가 전에는 백성이 아니더니 이제는 하나님의 백성이요 전에는 긍휼을 얻지 못하였더니 이제는 긍휼을 얻은 자니라"(벧전 2:9-10).

베드로는 자신을 가리켜 '거룩한 나라요, 하나님의 소유가 된 백성'이라고 당당하게 말했습니다. 이런 당당함을 가질 수 있기를 바랍니다.

예수님이 부활하신 다음 디베랴 바닷가에 가셨을 때 베드로를 만났습니다. 그런데 예수님은 베드로에게 "어떻게 네가 나를 모른다고 그렇게 부인할 수가 있어? 내가 너를 얼마나 믿었는데!" 하지 않으셨습니다. 도리어 "요한의 아들 시몬아, 네가 이 사람들보다 나를 더 사랑하느냐?" 하고 물으셨습니다.

여러분은 하나님을 사랑하십니까? 예수님을 사랑하십니까? 그렇다면 그것으로 충분합니다. 내가 지난날 어떤 실수를 저지르고 어떤 죄를 지었든 예수님의 십자가 보혈로 씻음을 받는 회개를 했다면, 내가 예수님을 여전히 사랑하고 있다면, 그것으로 충분합니다.

내가 회개를 했음에도 사람들이 나에 대해 편견을 가지고 소문을 퍼트릴 수 있습니다. 손가락질할 수 있습니다. 그럴 경우 그 손가락질과 소문을 부정하지 말고 그대로 받아들이십시오. 그리고 오직 하나님의 용서를 믿으시기 바랍니다. 나를 향하여 정죄하고 지적하는 그것은 결코 성령님의 역사가 아닙니다. 하나님의 용서를 믿고 받아들이고, 하나님께로 피하면서 그럴 때마다 고백할 것은 오직 이것뿐입니다.

"하나님! 제가 하나님을 여전히 사랑합니다."

지금 나를 괴롭히고 있는 것이 무엇입니까? 무엇이 내 마음을 무겁게 짓누르고 있습니까? 지난날 지은 죄가 아직도 나를 괴롭히고 있습니까? 그것은 지은 죄 때문이 아니라 죄책감 때문입니다. 수치심과 죄책감이라는 감정 때문입니다. 그 감정이 나를 짓눌러 숨도 쉬지 못하게 만들고 있는 것입니다. 이제는 속지 마시기 바랍니다.

나를 그렇게 괴롭혔던 수치심과 죄책감은 하나님이 주신 마음이 아니었음을 기억하십시오. 감정을 짓누르는 죄책감의 포로가 되지 말고 죄 사함을 약속하신 성경 말씀에 사로잡히시기 바랍니다. 그리하여 영적인 자유함과 풍성함을 회복하시기를 우리 주 예수 그리스도의 이름으로 축원합니다.

7.

우울증, 얼마든지 벗어날 수 있다

자살이 겉으로 드러난 행동이라면, 우울증은 우리의 내면에서 그런 행동을 하도록 원인을 제공하는 것이라 할 수 있습니다. 따라서 이 우울증을 대수롭지 않게 여기면 치명상을 입을 수 있기 때문에 빨리 우울증에서 벗어나야 합니다.

우울증이란 무엇인가

감정적인 침체 상태가 지속되어 회복되지 못하는 것을 우울증이라고 합니다. 사람의 감정이란 평온할 수도 있고, 들뜰 수도 있고, 가라앉을 수도 있습니다. 정상적인 사람은 자신의 감정이나 정서를 어느 정도 조절할 수 있지만, 우울증에 빠지면 그 감정에서 벗어나지 못하고 계속 그 상태에 머물러 있게 되든지, 아니면 더 심각해집니다.

고무줄을 늘였다가 다시 놓으면 원 상태로 돌아가야 하는데 늘어진 상태 그대로 있다면 문제가 있는 것 아니겠습니까? 우울증이란 바로 그런 상태를 두고 하는 말입니다.

몸에 아픈 곳이 생기면 우리는 고쳐달라고 부르짖으며 기도합니다. 그런데 이 우울증에 대해서는 별 관심이 없습니다. 기도도 하려고 하지 않고, 적극적으로 이겨내려고 하지도 않습니다. 그러다 나도 모르는 사이에 신앙의 감격을 잃어버리고 좌절과 실망 속에 빠져 한탄하고 한숨 쉬다가 사탄에게 속아 신앙과 삶을 포기하기도 하는데, 바로 그것이 사탄이 바라는 바입니다.

우울증에 빠지는 이유

우울증에 관한 책들을 참고해 보면 우울증에 대한 원인을 여러 가지로 말하고 있는데, 크게 다섯 가지만 추려서 말씀을 드리려고 합니다.

첫째로 타고난 기질 때문에 오는 경우가 있습니다. 다른 사람은 웬만하면 견뎌낼 수 있는 상황과 환경인데도 기질 때문에 우울증에 걸리기도 합니다. 완벽주의자들은 실수를 두려워하기 때문에 실수를 하면 쉽게 우울증에 빠질 수 있습니다. 자신에게 지나치게 엄격한 성향도 우울증에 빠질 위험이 높습니다. 충동적이고 정서적으로 불안정하거나 남의 비난에 과민하게 반응하는 사람들 역시 마찬가지입니다.

둘째로는 환경 때문입니다. 스트레스에 시달리면 우울증에 빠지기도 합니다. IMF 때 많은 사람이 극단적인 선택을 했습니다. 경제가 어려울 때는 특히 더 그렇습니다. 왜 그럴까요? 삶의 무게가 너무 무겁기 때문입니다.

셋째는 나이에 따라 오는 경우도 있습니다. 40대 후반에서 50대 초반의 여성들은 갱년기를 지나게 됩니다. 이때 폐경기도 함께 겪게 되는데, 여성들에게 있어서 폐경기는 엄청난 충격으로 다가옵니다. '나는 여자로서의 의미가 끝났구나! 아무것도 한 것 없이 늙었네. 젊었을 때는 따라다니던 남자도 많았는데, 지금은 이게 뭐야!' 하는 마음이 듭니다. 이럴 때는 더욱 남편의 따뜻한 사랑과 돌봄과 위로의 언어가 필요합니다.

그리고 남자들은 이 시기에 실직을 당하기도 하고 그로 인해 사회로부터 소외되었다는 느낌을 받아 우울증에 노출되기도 합니다. 이 나이에 해당되는 분들에게는 가족들의 격려가 절실합니다. 돈 때문에 바가지 긁지 말아야 합니다. 실직을 당해도 우리는 살아갈 희망이 있다고 격려해 주어야 합니다.

60대 이후에는 정년퇴직과 배우자의 죽음으로 인해 우울증이 발생하기도 합니다. 그리고 나이가 들어 몸 여기저기가 고장이 나 마음대로 움직일 수 없게 되면 잘 걷던 내가 하루아침에 걸을 수 없게 되었다는 절망감 때문에 우울증에 빠져들기도 합니다.

넷째로 상처로 인한 경우입니다. 어렸을 때 부모로부터 받았던 심한 충격과 상처가 청소년기나 어른이 되었을 때 우울증으로 나타나기도 합니다. 또한 사랑하는 사람의 배신이나 외도, 가족들 가운데 누군가가 먼저 세상을 떠나는 일, 즉 남편이 세상을 먼저 떠나거나, 아내가 세상을 먼저 떠나거나, 자녀들이 세상을 먼저 떠나면 그 충격은 상상을 초월합니다. 그래서 늘 떠나보낼 마음의 준비, 빈 둥지의 허무함을 받아들일 준비를 하면서 살아야 합니다.

다섯째 분노의 감정 때문입니다. 화를 잘 내는 사람일수록 우울증에 노출될 위험성이 높습니다. 우리 마음에는 감정의 연못이 있습니다. 이 감정에는 언제나 은혜로, 하나님의 사랑으로, 십자가의 사랑으로 가득 차야 합니다. 그럼에도 욱하고 성질을 내면 우리 안에 있는 감정의 못은 말라 버리고 맙니다. 그러면 우울한 마음이 지속됩니다. 특히 말로 인한 상처로 우울증의 직격탄을 맞는 경우도 있습니다.

어느 교회 목사님 부인 성격이 내성적이고 말이 없었습니다. 그런데 어느 세미나에 갔더니 강사가 하는 말이 "사모님들은 목사님을 따라 심방을 가면 가만히 앉아 있지만 말고 그 집에 대해 무엇이든지 칭찬을 해주는 것이 좋습니다"라고 했습니다. 그 강의를 들으면서 사모님은 그렇게 해보기로 결심을 했습니다. 어느 날 목사님과 함께 어느 성도의 집에 심방을 가게 되었는데, 그 성도는 교회 사람들이 다 알 정도로 매우 가난했습니다. 사모님이 아무리 찾아보아도 칭찬할 만한 것이 보이지 않았습니다. 그런데 그 집에서 가장 눈에 띄는 것 하나가 있었는데, 바로 아주 잘 키운 난초였습니다. 사모님은 "성도님! 난을 정말 잘 키우셨네요. 보기에 정말 아름답습니다" 하며 칭찬을 했습니다.

그런데 그다음 날 어제 심방을 갔던 집에서 그 난초를 예쁘게 포장해 사택에 가지고 왔습니다. 그것을 본 사모님이 깜짝 놀랐습니다. 그 성도가 말했습니다. "사모님! 칭찬해 주셔서 정말 감사합니다. 제가 드릴 것은 없고 이 화분을 드리려고 합니다. 받아주세요. 사모님 같은 분이라면 이 난초에게 매일 칭찬해 주며 잘 키우실 것이라는 생각이 들었습니다." 사모님은 받지 않겠다고 극구 사양했지만 자신의 성의니 받아달라고 간곡히 부탁하셔서 어쩔 수 없이 받았습니다. 이렇게 작은 칭찬이 한 성도의 마음을 감동케 했다는 사실에 사모님이 얼마나 감격스러웠겠습니까?

그런데 주일이 되었는데 성도들 사이에서 엉뚱한 말이 돌기 시작했습니다. "사모님이 얼마나 탐욕이 많은지 그 가난한 집의 난초 화분을 강제로 빼앗아 오다시피 했대!" "아니야, 그 화분을 갖고 싶다고 먼저 말을 했다고 하더라! 그래서 억지로 준 거래." 와 전된 말을 듣고 충격을 받아 사모님은 우울증에 걸리고 말았고, 더는 사역을 감당하기 힘들어졌다고 합니다.

이런 일들이 실제로 나와 내 주변에서 일어나고 있지 않은가요? 내가 무심코 뱉은 말 한마디가 이렇게 다른 사람들의 마음을 아프게 하고 우울증에 빠트릴 수도 있음을 우리는 너무나 쉽게 잊어버리고 있습니다.

우울증에 빠졌던 모세와 욥

이스라엘 백성들이 출애굽을 하여 광야를 지나면서 고기가 먹고 싶다며 모세를 원망하기 시작했습니다. 그러자 모세가 하나님께 이렇게 말했습니다.

"이 모든 백성에게 줄 고기를 내가 어디서 얻으리이까 그들이 나를 향하여 울며 이르되 우리에게 고기를 주어 먹게 하라 하온즉 책임이 심히 중하여 나 혼자는 이 모든 백성을 감당할 수 없나이다 주께서 내게 이같이 행하실진대 구하옵나니 내게 은혜를 베푸사 즉시 나를 죽여 내가 고난 당함을 내가 보지 않게 하옵소서"(민 11:13-15).

그 위대했던 지도자 모세의 입에서 "살기 싫습니다. 하나님! 죽여주시옵소서"라는 탄식이 터져 나왔습니다.

또한 욥을 보십시오. 욥은 자신의 생일을 저주했습니다.

"내가 난 날이 멸망하였더라면, 사내아이를 배었다 하던 그 밤도 그러하였더라면, 그날이 캄캄하였더라면, 하나님이 위에서 돌아보지 않으셨더라면, 빛도 그날을 비추지 않았더라면…어찌하여 내가 태에서 죽어 나오지 아니하였던가 어찌하여 내 어머니가 해산할 때에 내가 숨지지 아니하였던가"(욥 3:3-4, 11).

눈에 넣어도 아프지 않을 자녀 10명이 한순간에 죽었습니다. 그 현실 앞에서 정신 줄을 놓지 않을 부모가 어디 있겠습니까? 무너지지 않을 부모가 어디 있겠습니까? 우리 같았으면 몇 번이나 죽고도 남았을지 모릅니다.

우울증을 위장하는 그리스도인

오늘날 신자들에게 찾아오는 우울증은 더 무섭습니다. 깊은 증세를 느끼면서도 교회에 와서는 전혀 아닌 것처럼 위장하기 때문입니다. 교회 안에서는 쾌활한 척, 기쁜 척, 문제가 없는 척, 신앙생활을 잘 하는 척하지만, 속으로는 울고 있습니다. 너무나 외롭습니다. 괴롭기만 합니다. 실제로 부부의 경우 헤어질 결심까지 하고 있는데도 겉으로는 아무 문제가 없는 것처럼 위장합니다.

가정에 전혀 문제가 없는 것처럼 말하지만 실제로는 자녀들이 속을 썩이고 있습니다. 겉모습은 화사하게 화장도 하고 옷도 잘 입고 있지만 마음은 온통 우울한 기분으로 침체되어 있습니다. 하지만 그럴 때 마음이 통하는 성도에게 아픔을 털어놓으며 '내가 이래서 마음이 너무 슬프고 우울하다'고 말이라도 한다면 상태가 상당히 호전되지 않을까요?

우울증에서 벗어나기

첫째로 십자가의 사랑으로 용서를 체험해야 우울증에서 벗어날 수 있습니다. 아무리 사람들이 소문을 만들어 나에게 돌을 던져도 십자가의 사랑으로 품으시기 바랍니다. 우울한 마음이 생길수록 십자가 앞에 나아가 그 모든 우울증의 짐을 내려놓아야 합니다. 예수님은 우리의 죄뿐 아니라 고통스러운 삶의 보따리까지 해결해 주시려고 십자가에서 죽어주셨기 때문입니다.

십자가에 죽으신 예수님은 그것으로 끝난 것이 아니라 부활하신 후 내 영에 생명으로 오셨습니다. 하나님이 어떤 분이십니까? 창조주이시고, 능력의 하나님이십니다. 그런 분이 내 영에 들어오셨습니다.

사탄은 내 속에 예수님이 들어오시는 길을 교묘하게 가로막아 놓았습니다. 성도들이 그것을 막연하게 이해하도록 만들었고, 내 속에 오신다는 것을 믿지 못하게 만들었습니다. 목사가 그것을 모르니 그런 설교를 할 수도 없고, 그런 설교를 듣지 못하니 성도들 역시 영적으로 어두워져만 갑니다. 그러다 보니 내 영에 오신 예수님으로 내가 살아간다는 것을 더더욱 믿지 못하게 됩니다.

내 안에 예수님이 살아계심을 제대로 알고 믿으면 당당하게 살아갈 수 있습니다. 내 영에 오신 예수님은 나로 하여금 예수님과 더불어 살아가면서 기쁨을 누리게 하시기 때문입니다. 요한복음 15장 11절입니다.

"내가 이것을 너희에게 이름은 내 기쁨이 너희 안에 있어 너희 기쁨을 충만하게 하려 함이라."

우리 속에 창조주 하나님이 들어오셨는데 어떻게 기쁨으로 충만하지 않을 수가 있겠습니까? 내 속에 계신 예수님이 나를 우울하게 만드는 모든 환경을 이기게 하시는 힘을 주시는 것을 믿으시기 바랍니다.

둘째로 긍정적, 낙천적으로 생각하며 감사하는 습관을 가져야 합니다. 습관이란 제2의 천성이 될 정도로 중요하고, 심지어 사람의 앞날까지 변화시킵니다. 항상 긍정적으로 또 낙천적으로 생각하는 습관을 가져야 합니다. 이것을 지속적으로 훈련해야 합니다. 할 수만 있다면 좋은 쪽으로 생각하려 하고, 신앙적인 고백과 긍정적이고 낙천적인 말을 하려고 애를 써야 합니다.

잠언 15장 4절 말씀입니다.

"온순한 혀는 곧 생명나무이지만 패역한 혀는 마음을 상하게 하느니라."

내 자아가 왜곡되고 깨어진 거울처럼 되어 있다면 그 마음의 자아에 반사되어 나오는 말은 자연히 왜곡되고 깨어진 말이 될 수밖에 없습니다. 내 안을 하나님의 말씀으로 채우시기 바랍니다. 비난과 정죄의 말이 내 입에서 나올 때마다 말씀이 나를 사로잡아 그렇게 하지 못하도록 해야 합니다.

"하나님, 감사합니다. 구하는 것을 주실 줄 믿습니다. 이 어려움을 뚫고 나가게 하실 줄 믿습니다. 복을 주실 줄 믿습니다. 앞으로 큰 역사가 일어나게 될 줄 믿습니다." 이렇게 고백하면 내 영에 계신 예수님이 그렇게 되게 하실 줄 믿습니다. 아름다운 말 한마디가 상처를 치유하고, 응어리진 것들을 풀어주고, 희망을 갖게 합니다.

셋째로 우울증은 숨겨서 될 일이 아닙니다. 위장해서도 안 됩니다. 우울증에 빠지면 잘못된 약물 중독에 쉽게 빠질 수 있고, 그렇게 되면 그 삶은 끝없는 실패의 나락으로 떨어지게 됩니다. 우리에게 일상적으로 감기가 찾아오듯이 우울증도 그렇다는 것을 인정하고 정신과 전문의를 찾아가 약물 치료도 받아야 합니다.

정신과 병원을 찾는 것을 이상한 것으로 생각하는 성도들이 의외로 많은데 그렇게 생각하면 안 됩니다. 감기를 앓으면 병원에 가는 것을 당연하게 생각하듯이, 우울증이 오면 병원을 찾아가서 의사와 상담을 하고 적극적인 치료를 받아야 합니다.

기도로만 낫게 하겠다고 하는 것은 하나님이 주신 일반적인 은총을 부정하는 것이 됩니다. 하나님은 일반적인 은총 가운데 정신과 전문의를 우리 곁에 두셔서 치료를 받을 수 있게 하셨습니다. 고칠 수 있는 길을 열어주셨다는 것을 받아들이는 것이 신앙인의 바른 자세입니다. 그러면서 영적인 멘토를 찾아 신앙 상담도 하고, 또 기도로 내 마음을 털어놓으면 우울증의 상당한 부분이 해소될 수 있습니다.

신자들에게도 우울증이 찾아오는 것은 어쩔 수 없는 일이며, 대처하는 것은 내가 해야 할 몫입니다. 상처를 안고 만지작거리는 것이 아니라 십자가 앞에 나아가 내 짐을 풀어놓을 때 성령님이 우리의 마음을 어루만져 주시고 위로해 주시고 치유해 주실 줄 믿습니다.

8.

자살 충동으로부터의 자유

사람은 건강한 사람이든 약한 사람이든 자살 충동을 느낄 때가 더러 있습니다. 이 충동이 강해지면 실제로 행동으로 옮겨 극단적인 선택을 하게 됩니다.

통계에 의하면 우리나라에서 자살 인구가 급속하게 증가하고 있는데 불명예스럽게도 OECD 회원국 가운데 자살률 1위를 기록하고 있습니다. 작년 한 해 우리나라에서는 39분마다 한 명씩 자살했고, 하루 전체를 따지면 36.6명이 극단적인 선택을 한 것으로 조사되었습니다. 참으로 안타까운 일이 아닐 수 없습니다.

생명의 주관자는 하나님

성경을 보면 자살한 사람이 더러 나오는데, 첫째는 은 삼십을 받고 예수님을 팔아넘긴 가룟 유다입니다. 그는 예수님을 팔고 난 다음 양심의 가책을 느껴 마태복음 27장 5절 말씀에 의하면 스스로 목매어 죽었다고 했습니다. 이에 대해 사도행전 1장 18절에서는 그가 얼마나 비참한 죽음을 맞이했는지에 대해 이렇게 말씀하고 있습니다.

"이 사람이 불의의 삯으로 밭을 사고 후에 몸이 곤두박질하여 배가 터져 창자가 다 흘러나온지라."

둘째는 사무엘하 17장 23절에 나오는 아히도벨의 경우입니다. 다윗의 아들 압살롬이 반역을 일으켜 왕권을 찬탈했을 때 압살롬의 편에 섰던 사람이 아히도벨입니다. 그는 지혜가 얼마나 뛰어 났던지 그가 내어놓는 계략은 하나님께 물어 응답을 받은 것과 마찬가지일 정도였습니다. 하지만 그는 압살롬을 도와 반역을 일으켰고 그 이후 그가 내어놓은 좋은 계략이 받아들여지지 않자 압살롬의 왕위가 얼마 가지 않을 줄 알고 자살을 하게 됩니다.

"아히도벨이 자기 계략이 시행되지 못함을 보고 나귀에 안장을 지우고 일어나 고향으로 돌아가 자기 집에 이르러 집을 정리하고 스스로 목매어 죽으매 그의 조상의 묘에 장사되니라"(삼하 17:23).

셋째로 이스라엘 초대 왕이었던 사울입니다. 블레셋 군대가 쳐들어오자 사울은 방어하기 위해 길보아산으로 군대를 이끌고 나아갔습니다. 하지만 하나님의 징계를 받아 전쟁에서 중상을 입게 되었는데 너무 고통스러워 부하에게 자신을 죽여달라고 명령했습니다.

"그가 무기를 든 자에게 이르되 네 칼을 빼어 그것으로 나를 찌르라 할례 받지 않은 자들이 와서 나를 찌르고 모욕할까 두려워하노라 하나 무기를 든 자가 심히 두려워하여 감히 행하지 아니하는지라 이에 사울이 자기의 칼을 뽑아서 그 위에 엎드러지매"(삼상 31:4).

성경에 더 많은 경우가 나오지만 대부분 자살을 바람직한 것으로 말씀하고 있지 않습니다. 물론 극단적인 선택을 한 분들의 마음이야 오죽했겠습니까? 삶의 고통과 인생의 무거운 짐을 감당하기에 얼마나 힘이 들었으면 그리했겠습니까? 그분들의 심정은 충분히 이해하고 공감합니다.

그럼에도 생명의 주관자는 하나님이십니다. 이 땅에 나를 태어나게 하신 분도 하나님이시고, 내 생명을 거두어가실 분도 하나님이십니다. 내 생명도 귀한 것이지만, 자녀들과 가족들의 생명 또한 귀합니다. 내가 마음대로 할 수 있는 것이 아닙니다. 하나님이 설재하지 않는 이상 수술실에 몇 번 들어갔다 나오고, 병을 달고 살아도 쉽게 죽지 않습니다.

극단적인 선택을 한 사람의 장례

"그렇다면 극단적인 선택을 한 사람의 장례는 어떻게 해야 될까요?" 하고 궁금해하며 물어보는 성도들도 계시는데, 우리가 단정적으로 자살한 사람을 가리켜 "지옥 갔다"라고 말하지 말아야 한다면 장례는 치러주어야 합니다.

부교역자 시절에 그런 일을 겪은 적이 있습니다. 어느 집사님 딸이 시집을 갔는데 아마 시집살이가 너무 힘들었나 봅니다. 게다가 남편까지 자상하게 대해주지 않자 너무나 힘이 들었는지 친정으로 오게 되었습니다. 어머니를 따라 새벽 기도회도 나오고 수요 예배도 나왔습니다. 내가 부교역자로서 새벽 기도회를 담당할 때나, 수요 예배 설교를 할 때 그분의 얼굴을 보면 평안함이 없었습니다. 그런데 어느 날 수요 예배를 마치고 집에 돌아간 집사님은 힘든 세상일을 견디지 못하고 장롱 안에서 극단적인 선택을 한 딸을 발견했습니다. 연락을 받고 목사님과 교역자들 그리고 몇몇 분들이 가서 함께 장례를 치른 적이 있습니다.

담임목사로 목회를 할 때 어느 부인이 극단적인 선택을 했습니다. 나중에 알고 보니 우울증을 앓고 있었고, 남편 역시 회사 일이 바빠서 자상하게 대해주지 못했습니다. 나는 그 당시만 해도 보수적인 신앙의 교리적 틀 안에 있었기 때문에 교회에 광고도 하지 않고 조용하게 장례를 치르려고 했습니다. 하지만 성도들은 이미 카톡을 통해 다 알고 있었습니다. 나는 광고마저 하지 않았던 것 때문에 성도들로부터 호된 질책을 받아야 했고, 젊은 집사님들로부터 '목사님은 성도들을 진정으로 사랑하는 목회자가 아니다'라는 비난을 받아야 했습니다. 돌이켜보면 마땅히 받아야 할 비난이었다는 생각이 듭니다. 사랑의 관점으로 보지 못했기 때문입니다.

삶은 힘들 때가 많다

　삶은 누구에게나 힘듭니다. 가난한 사람은 가난한 사람대로 고통이 있고, 부자는 부자대로 고통이 뒤따릅니다. 부자도 가난한 사람 못지않게 힘들고 고통스러울 때가 많습니다. 힘들고 어려운 이 세상 가운데서 하루하루를 전쟁하듯 살아가는 사람들이 얼마나 많은지 모릅니다. 죽고 싶은 마음이 단 한 번도 들지 않은 사람이 과연 얼마나 되겠습니까?

　언젠가 두 다리에 장애가 있는 분이 그 두 다리를 고무줄로 칭칭 매어감고 오일장의 그 복잡한 사람들 사이를 비집고 기어 다니면서 음악을 틀고는 고무줄이나 다른 물건을 파는 것을 본 적이 있습니다. 그런 분도 살기 위해 그렇게 몸부림을 치는 것을 보며 저절로 고개가 숙여졌습니다. '저런 몸으로도 살아가기 위해 몸부림을 치는데 사지가 멀쩡한 나는 과연 저런 의지를 갖고 살아가고 있는가?' 하고 스스로에게 묻지 않을 수 없었습니다.

의욕을 잃어버린 엘리야

"여호와여 넉넉하오니 지금 내 생명을 거두시옵소서 나는 내 조상들보다 낫지 못하니이다"(왕상 19:4).

엘리야는 탄식하며 하나님께 죽여달라고 하소연했습니다. 갈멜산에서 우상 선지자 850명과 영적인 전투를 벌여 하늘에서 불을 내렸던 엘리야, 사르밧 과부의 집에 3년 6개월 동안 밀가루와 기름이 떨어지지 않도록 하나님의 능력이 임하게 했던 엘리야, 그도 이렇게 죽고 싶은 충동이 생길 때가 있었습니다.

왜 그런 생각이 들게 되었을까요? 그의 상황이 너무나 어려웠기 때문입니다. 아합 왕과 이세벨은 엘리야가 하늘에서 불이 내리는 것을 보고도 하나님을 믿지 않았습니다. 오히려 우상숭배 선지자들의 강력한 후원자였던 왕후 이세벨은 우상숭배 선지자 850명이 죽었다는 소식을 듣고는 엘리야를 잡아 죽이겠다고 전국에 지명 수배령을 내렸습니다. 엘리야는 이 상황을 이해하고 받아들일 수 없어서 브엘세바 남단 광야까지 도망을 갔고, 로뎀나무 아래 누워 하나님께 "지금 나를 죽여주시옵소서! 죽는 것이 훨씬 낫겠습니다" 하며 외쳤습니다.

잠깐 쉬며 묵상해 보기

나는 살기 힘들다는 생각을 가져본 적이 없습니까?
그 현실을 어떻게 이겨나가야 할까요?

인생을 역전시켜 주시는 하나님

우리가 쉽게 좌절하는 이유는 그 상황을 최종적인 것으로 보기 때문입니다. 한 번 실패하면 그것이 끝이라고 보기 때문입니다. 애인에게 배신을 당했을 때 전부가 무너진 것으로 생각하기 때문입니다. 사업에서 실패하면 마치 내 인생도 실패한 것처럼 생각하기 때문입니다. 병들면 그것을 세상을 떠날 시간이 된 것처럼 생각하기 때문입니다. 인간관계에 문제가 생기면 더는 돌파구가 없다고 생각하기 때문입니다.

우리는 때로 사업이나 진학이나 결혼생활의 실패로 좌절할 수 있습니다. 때로는 병들 수도 있습니다. 명예퇴직이나 일명 황퇴(황당한 퇴직)을 당할 수도 있습니다. 고치지 못하는 질병으로 고통을 당할 때도 있습니다. 내게 있는 습관으로 좌절에 빠질 수도 있습니다. 너무나 깊은 수렁에 빠져 헤어 나오지 못할 만큼 위기를 겪을 때도 있습니다. 원하는 대로 일이 되지 않아 낙망할 때도 있습니다.

카드 빚, 성적, 사업 실패, 애인의 변심, 결혼 문제, 지병, 어려운 가정 형편, 취업, 무분별한 댓글 등 이유는 얼마든지 있습니다. 요즈음은 SNS가 발달되어 댓글을 다는 것이 흔한 일이 되었는데, 좋은 댓글을 읽으면 마음마저 푸근해지지만, 악성 댓글이 달리면 거기에 시달리다 귀중한 삶을 포기하는 경우가 생기기도 합니다. 그럴지라도 그것은 결코 막다른 골목이 아닙니다. 끝이 아닙니다. 인생의 끝자락은 오히려 하나님의 능력을 체험할 수 있는 기회입니다.

실존주의 철학자 칼 야스퍼스는 "사람에게는 반드시 죽음, 병, 피할 수 없는 죄 등의 극한 상황이 나타나게 되는데, 이때 사람은 심각한 유한성을 의식하고 좌절하게 된다"라고 했습니다. 그러나 현재 상황은 좌절하라고 주어진 것이 아닙니다. 나의 연약함을 깨닫고 하나님을 더욱 의지하라는 신호입니다.

왜입니까? 하나님은 우리의 인생을 역전시켜 주는 분이시기 때문입니다. 형들에 의해 애굽으로 팔려갔던 요셉은 얼마든지 원망하고 좌절하고 절망에 빠질 수 있었지만 그곳에서도 하나님을 의지했습니다. 그러자 하나님은 그를 애굽의 총리가 되게 해주셨습니다.

열왕기상 17장을 보면 하나님께서 엘리야에게 사르밧 과부의 집으로 가라고 하셨는데, 그 과부는 그야말로 너무나 처절한 환경 속에서 살아가고 있었습니다.

"그가 이르되 당신의 하나님 여호와께서 살아 계심을 두고 맹세하노니 나는 떡이 없고 다만 통에 가루 한 움큼과 병에 기름 조금뿐이라 내가 나뭇가지 둘을 주워다가 나와 내 아들을 위하여 음식을 만들어 먹고 그 후에는 죽으리라"(왕상 17:12).

흉년의 때에 마지막 남은 가루로 반죽을 해서 떡을 만들어 먹고 아들과 함께 죽음을 기다리려 한 너무나 절박한 상황이었습니다. 가루 통의 밀가루가 떨어지고 기름병의 기름이 다 떨어졌기에 절망만이 이 여인의 삶을 짓누르고 있었습니다. 하지만 하나님은 그녀를 버려두지 않으셨습니다. 하나님은 엘리야를 통하여 그 과부의 삶을 역전시켜 주셨습니다.

"이스라엘의 하나님 여호와의 말씀이 나 여호와가 비를 지면에 내리는 날까지 그 통의 가루가 떨어지지 아니하고 그 병의 기름이 없어지지 아니하리라 하셨느니라"(왕상 17:14).

죽음의 문턱에 다다랐지만 그곳에서도 회복시켜 주시는 하나님을 보십시오. 현실을 볼 때는 원망이 터져 나올 수밖에 없습니다. 감사할 수도 없고, 찬송할 수도 없습니다. 그러나 이 현실을 보며 나를 향하여 일어서라고 미소를 짓는 하나님이 계신 것을 믿는다면 우리는 얼마든지 다시 일어설 수 있습니다. 환경이 변하여도 하나님의 사랑은 변하지 않습니다. 하나님의 사랑과 신실하심과 선하심과 인자하심은 어느 시대, 어느 장소, 어떤 상황 속에서도 변함이 없습니다.

믿음이란 모든 것이 가능한 하나님께 사로잡히는 것입니다. 환경에 따라 좌우되는 것은 믿음이 아닙니다. 그 환경을 지배하시는 하나님에 의해 좌우되고, 그 하나님을 바라보며 그 하나님이 도움을 주실 것을 믿는 것이 믿음입니다.

일본의 사회운동가였던 가가와 도요히코 목사님은 서자로 태어나 창녀의 아들이라는 손가락질을 받으며 자랐습니다. 그래서 세상을 증오하며 살아갔습니다. 때론 삶을 포기하고 싶은 마음도 들었습니다. 그런데 어느 날 구세군 노방전도대가 지나가자 그분들에게 "하나님께서는 서자도 사랑하십니까?"라고 물었습니다. 노방전도대원은 "서자만이 아니라 교도소에 있는 죄수도 사랑하십니다"라고 대답했습니다. 그러자 그는 그 길로 곧장 전도대를 따라나섰고, 그 이후 그는 빈민들과 함께 산 일본의 성자가 되었습니다.

지금 나는 어떤 상황에 처해 있습니까? 생을 포기하고 싶을 정도로 힘드십니까? 불경기 가운데서 힘이 들어 지치십니까? 살아갈 용기와 힘을 다 잃어버리셨습니까? 그렇더라도 다시 기도로 부르짖으시기 바랍니다. "하나님! 너무나 힘이 듭니다. 정말 죽고 싶은 심정입니다. 저는 어떻게 하면 좋겠습니까? 저를 살려주시옵소서." 그렇게 하나님의 도움을 구해 보시기 바랍니다.

내 삶을 치유하시고 회복시켜 주시는 회복의 하나님이 바로 내가 믿는 하나님이십니다. 우리에게 좌절은 없습니다. 모든 것은 성공과 성장과 성숙을 향한 과정일 뿐입니다. 힘든 모든 삶에서 하나님을 신뢰함으로 이 극단적인 충동에서 벗어날 수 있기를 우리 주 예수님의 이름으로 축원합니다.

"수고하고 무거운 짐 진 자들아 다 내게로 오라 내가 너희를 쉬게 하리라"(마 11:28).

9.

상한 마음을 **치유하시는** 하나님

성품 속에 뿌리박혀 있는 쓴 뿌리

"항상 기뻐하라 쉬지 말고 기도하라 범사에 감사하라 이것이 그리스도 예수 안에서 너희를 향하신 하나님의 뜻이니라"(살전 5:16-18).

항상 기뻐하고 쉬지 말고 기도하고 범사에 감사하며 사는 것이 하나님의 뜻입니다. 하지만 기도하면 응답을 주신다는 것을 믿으면서도 "아버지 하나님!" 하고 나면 할 말이 없어서 기도를 하지 못하는 것은 왜일까요? 다른 성도님들은 은혜 받았다고 기뻐하며 어쩔 줄을 모르는데 내 마음은 그렇지 못한 이유가 무엇 때문일까요? 그것은 우리 성품 속에 뿌리 박혀 있는 쓴 뿌리 때문이 아닐까요? 히브리서 12장 15절 말씀입니다.

"너희는 하나님의 은혜에 이르지 못하는 자가 없도록 하고 또 쓴 뿌리가 나서 괴롭게 하여 많은 사람이 이로 말미암아 더럽게 되지 않게 하며."

예수님이 말씀하신 비유 가운데 씨 뿌리는 비유가 있습니다. 어떤 사람이 밭에 나가 씨를 뿌렸는데 어떤 씨는 길가에 떨어졌고, 어떤 씨는 바위 위에 떨어졌고, 어떤 씨는 가시떨기 속에 떨어졌고, 어떤 씨는 좋은 밭에 떨어졌습니다. 그런데 그 결과는 달랐습니다. 길가에 떨어진 씨는 공중의 새들이 먹어버렸고, 바위 위에 떨어진 씨는 싹이 났다가 습기가 없어 말랐고, 가시떨기에 떨어진 씨는 가시가 기운을 막았습니다. 좋은 땅에 떨어진 씨만 30배, 60배, 100배의 결실을 맺었습니다.

내 마음에 있는 가시가 신앙을 자라지 못하게 합니다. 치유되지 못한 내 마음의 상처들이 쓴 뿌리가 되어 내 마음을 뒤덮어버립니다.

억압된 내면의 분노

나의 내면에 외로움에 울고 있는 나, 받은 상처 때문에 울고 있는 나, 거절당한 것 때문에 울고 있는 나, 각종 폭력의 상처로 울고 있는 나, 가정불화로 상처받아 울고 있는 나, 사랑하는 사람이 먼저 떠난 이별 때문에 울고 있는 나는 없을까요?

아무리 좋은 환경에서 살았다 하더라도, 아무리 좋은 사람들만 만났다 하더라도 우리는 상처를 받게 되어 있습니다. 우리는 죄 가운데 태어난 사람들로 죄와 더불어 살아가기 때문입니다. 그래서 상처를 잘 주고, 또 상처를 잘 받습니다. 그리고 내 가슴이 얼마나 쓰리고 아픈지를 잘 모릅니다. 특히 부모가 자녀에게 주는 상처는 오랫동안 자녀의 가슴에 남아 있습니다.

내가 모 지역에서 목회를 하고 있었을 때 큰딸이 전라도 광주에서 살면서 딸을 낳았습니다. 마침 성도 가운데 세상을 떠난 분이 있어 성도들과 함께 전라도 광주로 교회 대형버스를 타고 문상을 갔습니다. 집사람을 통해 큰딸과 사위가 내가 가는 시간과 장소에 맞추어 아기를 데리고 왔습니다. 하지만 나는 매몰차게 돌아가라고 했습니다. 그때 상을 당한 가정에 문상을 온 것인데 내가 손녀를 보면서 안고 좋아한다면 차 안에 타고 있던 성도들이 무엇이라고 하겠습니까? 공적인 위치에 있었으니 손녀를 안아보지도 않고 돌아가라고 했습니다.

그때 돌아서는 큰딸과 사위의 뒷모습에서 엄청난 상처가 보였습니다. 지금도 그 생각을 하면 마음이 아픕니다. 이 또한 담임목사가 걸어야 할 길이기에 어쩔 수 없는 행동이었다고 스스로를 합리화했지만 큰딸과 사위는 엄청난 상처가 되지 않았겠습니까? 돌이켜 생각해 보면 자녀의 마음에 대못을 박은 것과 다름없었습니다.

이처럼 부모는 자녀들에게 쉽게 상처를 줄 수 있습니다. 그런데도 정작 부모는 자녀들이 얼마나 상처를 받았는지 모릅니다. 내가 자라날 때 부모, 형제들, 친척들, 친구들, 이웃들과 성도들은 나에게 어떤 말을 해주었습니까? 내가 모델이 되겠다고 하면 "네 얼굴에? 그래, 잘났다. 그럴 돈 있으면 다른 데나 쓰지!" 합니다.

이뿐입니까? 뭔가를 하려고 하면 격려하고 축복해 주는 것이 아니라 비웃습니다. "네가 가진 것이 있냐, 배운 것이 있냐? 지금까지도 실패했는데 잘 할 수 있을 것 같냐?" 집회에 가서 은혜 받고는 "엄마! 이제 공부 열심히 할게요" 하면 "네가? 3일이나 가면 다행이다"라는 답이 돌아옵니다.

이런 상처들이 마음의 잠재의식 속에 파묻혀 가슴에 한으로 맺힙니다. 이것을 억압된 내면의 분노라고 합니다. 해결되지 못한 억압된 분노는 마음에 차곡차곡 쌓이면서 한이라는 돌덩어리로 굳어집니다.

그것이 때로는 육체의 질병으로 나타납니다. 불면증에 시달립니다. 소화불량을 일으킵니다. 불신이 체질화되게 만듭니다. 입술에서 비난과 비방이 떠나지 않고, 뭐든지 좋은 점을 보기보다는 나쁜 점, 안 되는 것만 보게 만듭니다. 병적인 공포를 느끼게 하고, 신경이 예민해지게 하고, 의처증이 일어나게 하고, 의부증이 생기게 합니다. 자녀를 과잉보호하게 만듭니다. 어느 누구도 믿지 않게 합니다.

조롱과 비웃음을 통해 '너는 가능성이 없어. 네가 무엇을 하겠니? 기도한다고 너희 집이 다시 일어서겠니?' 하면서, 은혜 받고 기도의 힘을 얻어 일어서려고 하는 나를 여지없이 무너뜨리고 맙니다. 그러나 이제 더는 쓴 뿌리가 내 마음을 온통 뒤덮도록 만들어서는 안 됩니다. 우리 마음속에서 나를 마음대로 이끌어가고 있었던 그 거짓된 운전기사를 몰아내야 합니다.

쏟아낼 때 치유가 시작된다

"너희는 모든 악독과 노함과 분냄과 떠드는 것과 비방하는 것을 모든 악의와 함께 버리고"(엡 4:31).

이런 것들을 내 마음에서 쫓아내라고 했습니다. 그래야 내가 살고, 내 믿음이 살고, 내 기도가 살고, 내 찬양이 살고, 내 가족이 살기 때문입니다.

이 모든 것을 쫓아낼 수 있는 방법은 하나님 앞에 그 아픔을 가지고 나아가서 다 쏟아내는 데 있습니다. 그러면 우리의 카운슬러 (보혜사) 되신 성령님이 내 아픈 마음을 어루만져 주십니다.

요한복음 14장 16절에서 개역개정 성경은 성령님을 '보혜사'로 번역했지만, NIV 성경에서는 '카운슬러'(Counselor)로 번역했습니다. 내가 마음에 아픔이 있을 때 상담자를 찾아가듯이 내 마음의 상담자가 되신 성령님을 찾으시기 바랍니다.

잔소리로 상대방이 변화되지 않습니다. 내 힘으로 상대방을 뜯어고치려고 큰소리치면서 "죽여라, 죽여!" 하고 달려들다가는 도리어 더 큰 화를 부르게 됩니다. 이제부터는 "죽여라, 죽여! 그래, 너 죽고 나 살자" 하지 말고, "죽여"라는 말을 조금만 힘을 빼고 약하게 말해보십시오. 그러면 '주여'가 됩니다. 주님께 상한 마음을 다 내어놓고 부르짖으시기 바랍니다.

성령님을 부르고 내 상한 마음을 쏟아내는 것이 상담하는 것이요, 그것이 기도 곧 부르짖는 기도요, 토설하는 기도입니다. 그러면 성령님이 나의 상한 마음을 어루만져 주시고, 위로해 주시고, 회복시켜 주십니다. 괴롭고 힘든 순간마다 "주여!" 하면서 상한 감정을 주님 앞에 내어놓을 때 하나님은 내 쓰라린 마음을 만져주십니다.

물론 감정이 격해 있고 기분이 상했을 때, 분노가 치밀어 오를 때 그 문제를 말씀드리는 것이 부끄럽고 죄송스럽고 '하나님'이라는 말이 입에서 떨어지지 않을지 모릅니다. 그러나 하나님 외에 그 어디에도 나의 위로자는 없습니다. 내 상처를 치유해 줄 수 있는 분은 하나님밖에 없습니다. 그러므로 그럴 때 억지로라도 입을 열고 하나님을 찾으시기 바랍니다. 그 순간에 성령님이 나를 만지시는 은혜를 체험하게 될 것이라 믿습니다.

용서, 상한 마음을 치유하는 백신

전염병이 창궐하거나, 또는 창궐하기 이전에 전염병을 예방하기 위해 인공적인 면역으로 사용하는 항원을 백신이라고 합니다. 이 백신은 질병의 예방을 목적으로 투여하는 바이러스나 세균 등을 희석해 얻은 물질인데, 이것을 투여하면 특정한 질병에 대한 면역력이 향상됩니다. 우리의 상한 마음을 치유할 수 있는 백신은 다름 아닌 용서입니다.

용서에는 세 가지가 있는데, 첫째는 하나님께서 나를 용서해 주셔야 합니다. 상처를 치유받기 위해서는 먼저 나의 죄에 대해 하나님께 용서를 구해야 합니다.

둘째는 나 자신을 용서해야 합니다. 하나님이 나를 용서하실

뿐 아니라 나도 내 자신을 용서해야 합니다. 내가 나를 용서하지 못하면 마귀가 죄책감을 가지고 나를 자기 마음대로 주무르게 됩니다. 하나님이 나를 용서하신 것처럼 나도 나를 용서해야 합니다.

셋째는 나에게 상처 준 사람을 용서해야 합니다. 사람들은 자신에게 상처 준 사람들을 잊지 못합니다. 미움과 분노로 그 사람을 원망하고 복수의 칼을 갑니다. 그러다 보면 나도 모르는 사이에 그 사람을 닮아가게 되고, 나 역시 다른 사람에게 상처를 주는 사람이 됩니다.

용서할 때는 '그리스도께서 우리를 용서하심과 같이' 하라고 했습니다. 하나님은 아들 예수님을 십자가에 못 박혀 죽게 하시기까지 나를 사랑하셨고, 용서해 주셨으며, 용납하여 주셨습니다. 내가 죄인인 줄 아시면서도 나를 사랑하셨고, 용납하셨습니다. 우리가 주님이 베푸신 십자가의 사죄의 은총을 진정으로 경험했다면 용서하지 못할 사람이 없어야 합니다.

십자가를 아는 사람은 나를 미워하는 사람을 도리어 고맙게 여기고, 가장 사랑스럽게 생각하는 사람입니다.

"어느 때나 하나님을 본 사람이 없으되 만일 우리가 서로 사랑하면 하나님이 우리 안에 거하시고 그의 사랑이 우리 안에 온전히 이루어지느니라"(요일 4:12).

부부싸움을 했다면 그 문제를 가지고 하나님께 기도해 보십시오. 처음에는 다 자기가 잘한 줄 알지만 하나님 앞에서 기도해 보면 자신의 잘못이 더 크다는 사실을 깨닫게 됩니다. 자녀들이 잘못해서 야단을 치는 경우에도, 기도해 보면 부모 된 내게 문제가 더 많다는 것을 인정하게 됩니다.

혹시 무슨 문제가 생겨 다른 성도와 싸웠다고 합시다. 사실 나는 별로 잘못한 것이 없습니다. 그런데 하나님은 어떤 사람을 사랑하십니까? 내가 더 잘못했다고 회개하는 사람입니다. 하나님께 기도하다가 내가 잘못한 것이 없는 것 같은데도 내 안에 계신 성령님이 "너도 잘한 것 없다. 내가 너의 죄를 다 밝히 드러내면 어쩌려고 그러느냐? 네가 용서해라. 그것은 내가 너에게 준 십자가이다. 그것을 안아라! 그러면 네 자아가 깨어지고 나의 은혜가 네게 임하게 될 것이다" 하시는 음성을 듣고 깨닫고 용서하는 사람입니다. 내가 다 뒤집어쓰면서 침묵하는 사람입니다. 하나님은 우리에게서 그런 모습을 얼마나 보고 싶어 하는지 모릅니다.

어느 부부가 부부싸움을 했습니다. 늘 새벽에 교회에 나가 기도하던 부부였는데, 다음 날 새벽 아내가 화가 난다고 새벽 기도회에 나가지 않았습니다. 남편은 아내와 아직 화해를 하지 않은 가운데 있었지만 그래도 기도를 해야 할 것 같아 새벽 기도회에 나갔습니다. 그리고 개인기도 시간에 기도를 하기 시작했습니다. 처음에는 어제 저녁 부부싸움으로 인해 감정이 상해 기도가 잘 나오지도 않았습니다. 하지만 억지로 기도의 첫 마디를 내뱉었습니다.

그리고는 "하나님! 제가 너무 마음이 아픕니다. 하나님도 한번 생각해 보십시오. 제가 그렇게 크게 잘못한 것도 없는데 아내가 화를 내고 저렇게 토라졌습니다. 너무 억울합니다. 너무 억울합니다" 하면서 울면서 기도하는데 하나님이 마음을 어루만지는 것이 느껴졌습니다. 그러면서 "아들아! 너의 마음을 내가 잘 안다. 그래도 나는 네가 네 아내에게 먼저 용서를 빌기를 원한다. 내가 너의 죄를 다 용서하지 않았느냐! 그렇다면 너도 네 아내의 그런 부분을 품고 용서해야 하지 않겠느냐! 기도가 끝나고 집에 가거든 아내에게 무릎을 꿇고 잘못했다고 용서를 빌어라" 하는 음성이 들렸습니다. 남편은 그 자리에서 펑펑 울었습니다.

집에 돌아가서 잠을 자고 있는 아내를 깨웠습니다. 그리고 무릎을 꿇었습니다. "여보! 내가 잘못했어!" 그 순간 성령님이 남편의 마음을 어루만지셨고, 위로하시기 시작했습니다. 그런 모습을 보며 아내도 눈물을 흘리며 말했습니다. "아니야, 내가 잘못했어!

내 자존심 때문에 당신에게 잘못했다는 말을 하지 못했어! 여보, 내가 미안해! 나를 용서해 줘!" 부부는 서로 부둥켜안은 채 눈물만 흘렸습니다. 그러자 성령님이 부부의 마음을 어루만지고 치유해 주셨습니다.

내 영에 예수님을 모시고 살아가기에 용서라는 백신을 맞으면 우리는 얼마든지 상한 감정에서 벗어날 수 있습니다.

세상에서 가장 따뜻한 이불은 상대의 허물을 덮어주고 용서하는 마음입니다. 그런 따뜻한 이불을 덮을 수 있기를 바랍니다. 다른 사람을 용서함으로 우리의 모난 부분을 고치시고, 상한 감정을 치유하시는 하나님의 은혜를 누릴 수 있기를 우리 주 예수님의 이름으로 축원합니다. 아멘.

"우리 주 예수 그리스도의 은혜가 너희에게 있을지어다"(살전 5:28).

"오! 그리스도여! 나의 전부여!"(성 프란치스코).

황윤정 목사의 영성 시리즈 8

고치시고, 치유하시는 하나님

1판 1쇄 인쇄 _ 2024년 6월 25일
1판 1쇄 발행 _ 2024년 6월 30일

지은이 _ 황윤정
펴낸이 _ 이형규
펴낸곳 _ 쿰란출판사

주소 _ 서울특별시 종로구 이화장길 6
편집부 _ 745-1007, 745-1301~2, 743-1300
영업부 _ 747-1004, FAX 745-8490
본사평생전화번호 _ 0502-756-1004
홈페이지 _ http://www.qumran.co.kr
E-mail _ qrbooks@daum.net / qrbooks@gmail.com
한글인터넷주소 _ 쿰란, 쿰란출판사
페이스북 _ www.facebook.com/qumranpeople
인스타그램 _ www.instagram.com/qrbooks
등록 _ 제1-670호(1988.2.27)
책임교열 _ 강찬휘·이주련

ⓒ 황윤정 2024 ISBN 979-11-6143-952-5 93230

책값은 뒤표지에 있습니다.
이 출판물은 저작권법에 의해 보호를 받는 저작물이므로 무단 복제할 수 없습니다.
파본(破本)은 구입처에서 교환해 드립니다.